Pero Él, mirándolos fijamente, dijo:

Entonces, ¿qué quiere decir esto que está escrito:

"La piedra que desecharon los constructores, ésa, en piedra angular se ha convertido?"

Lucas 20:17

Dedicado:

Al Príncipe de los pastores, Jesucristo.

"Porque en verdad los judíos piden señales y los griegos buscan sabiduría; pero nosotros predicamos a Cristo crucificado, piedra de tropiezo para los judíos, y necedad para los gentiles; mas para los llamados, tanto judíos como griegos, Cristo es poder de Dios y sabiduría de Dios."   I Corintios 1:22-24

Sobre Esta Roca

Jaime Símán

Segunda impresión. Julio del 2018.

Publicado por: The Word For Latin America
P.O. Box 1002, Orange, CA 92856
www.elvela.org www.EntendiendoLasEscrituras.com

Copyright © 2011 Jaime E. Símán - Derechos reservados.

Escrituras bíblicas tomadas de: La Biblia de las Américas,
© 1986, 1995, 1997 by The Lockman Foundation.
Usadas con permiso. Arte de la portada: Adolfo Blanco

Tabla de Contenido

I- Introducción... 5

II- La Confesión de Pedro............................. 9

III- Las Llaves del Reino............................... 34

IV- El Origen de la Confesión Ante un Sacerdote...46

V- Tradiciones Religiosas Latinoamericanas.......... 53

VI- Apariciones y Otras Señales Milagrosas.......... 76

VII- La Iglesia de Cristo................................. 82

VIII- Distracciones y Más Desviaciones............... 91

IX- Bautismo y Salvación............................... 97

X- El Diezmo... 111

XI- Comercialismo en la Iglesia...................... 120

XII- El Espíritu Santo................................... 122

XIII- Dones Espirituales................................ 130

XIV- Congregación Local............................... 146

I

Introducción

Varios grupos religiosos que dicen partir del cristianismo bíblico, afirmando ser verdaderos, se han desviado de la iglesia que fundó Jesucristo, o de la Roca sobre la cual la fundó hace dos mil años.

Hoy en día hay tanta confusión y cinismo, debido a tantos argumentos y contra argumentos; y a tantos abusos que se cometen en nombre de Dios, que muchas personas han desistido de buscar la verdad. Algunos ni siquiera consideran posible poder encontrar una congregación genuina, integrante de la iglesia viva que Jesús fundó y aprueba.

Otros prefieren aferrarse ciega y tenazmente a la religión heredada de sus padres, pensando que su destino eterno depende de ello. Y ciertamente su destino eterno depende de ello; pero su actitud y temor no garantiza necesariamente su éxito. El destino de ellos será éxito o fracaso eterno dependiendo de si dicha tradición religiosa se ha conservado en la verdad o no. Y eso ¡hay que investigarlo! Cerrar los ojos no es una buena opción;

sería imitar al avestruz, ¡enterrando la cabeza en un hoyo para no ver el peligro venidero!

La senda espiritual por la cual usted camina, merece seria consideración ¡por su alma, y por la de sus seres queridos! El alma vale más que todos los tesoros de este mundo. Qué curioso y lamentable que los hombres invierten más tiempo en cosas temporales, y tesoros que un día se podrirán o corroerán; que en asegurar su bienestar y destino eterno.

Nadie en su sano juicio invertiría su fortuna en una joya preciosa sin antes cerciorarse de que es legítima. De igual manera, sería muy insensato invertir la vida, yendo por un camino trazado por otros, confiando ciegamente en ellos, sin antes verificar que es el camino correcto; o que dicho camino no se ha desviado de la senda original correcta.

Tal vez usted piensa que es posible que haya habido algunas desviaciones a lo largo de la historia, pero que eso es de esperarse, y que no tendrá mayores consecuencias en cuanto a poder llevarlo a la meta deseada. Pero tenga en mente, un avión no necesita desviarse mucho al principio, o durante el curso de su viaje, para que se salga de su trayectoria, y se pierda en la selva.

¿Tomaría usted agua de un barril guardado en una bodega que se ha contaminado con el tiempo, sin antes cerciorarse que su agua es potable? Necesitamos hacer nuestra investigación. Lo bueno es que no nos encontramos huérfanos, o sin herramientas, en nuestra búsqueda. Tenemos la ayuda del Espíritu Santo, quien Jesús ha enviado para guiarnos a toda verdad (Juan 16:13). Y tenemos la verdad, la palabra de Dios. La noche antes de su crucifixión, Jesús exclamó al Padre en su oración por la iglesia: *"Santifícalos en la verdad; <u>tu palabra es verdad</u>."* Juan 17:17

Es sabio conocer, pues, lo que la Biblia dice sobre la verdadera iglesia. Este libro está escrito precisamente para ayudarle; para ayudarle a reconocer lo que las Escrituras dicen respecto a la iglesia que Jesús fundó; y la Roca sobre la cual la fundó.

Cuando Pablo pasó por Berea en su segundo viaje misionero, encontró que éstos eran nobles, más que los de Tesalónica, pues *"Recibieron la palabra con toda solicitud, escudriñando diariamente las Escrituras, para ver si estas cosas eran así."* Hechos 17:11

Un requisito clave en esta búsqueda es, pues, un corazón que abrigue un verdadero interés por conocer la verdad. Y, un corazón dispuesto a honrar y obedecer a Dios antes que a los hombres, una vez que haya sido expuesto a ella. Jesús dijo en Juan 7:17-18 *"<u>Si alguien quiere hacer la voluntad de Dios, sabrá si mi enseñanza es de Dios</u> o si hablo de mí mismo. El que habla de sí mismo busca su propia gloria; pero el que busca la gloria del que le envió,* *éste es verdadero y no hay injusticia en El."*

Poner la confianza en los hombres y no en Dios; y buscar la gloria de los hombres y no de Dios, es un gran error. Jeremías escribió: *"<u>Así dice el Señor: Maldito el hombre que en el hombre confía</u>, y hace de la carne su fortaleza, y del Señor se aparta su corazón. Será como arbusto en el yermo y no verá el bien cuando venga; habitará en pedregales en el desierto, tierra salada, sin habitantes. <u>Bendito es el hombre que confía en el Señor, cuya confianza es el Señor</u>. Será como árbol plantado junto al agua, que extiende sus raíces junto a la corriente; no temerá cuando venga el calor, y sus hojas estarán verdes; en año de sequía no se angustiará ni cesará de dar fruto."* Jeremías 17:5-8

¡Adelante pues! Empecemos nuestra caminata y descubramos juntos la verdad, buscando ¡en el lugar correcto, y con la disposición que Dios aprueba!

II

LA CONFESIÓN DE PEDRO

Jesús llegando a la región de Cesarea de Filipo, unos 50 kilómetros al norte de Capernaúm y del Mar de Galilea, seis meses antes de su muerte y resurrección, le preguntó a sus discípulos qué pensaba la gente de Él; quién decía la gente que era Jesús.

"Ellos dijeron: Unos, Juan el Bautista; y otros, Elías; pero otros, Jeremías o uno de los profetas.

Él les dijo: Y vosotros ¿quién decís que soy yo?

Respondiendo Simón Pedro, dijo: Tú eres el Cristo, el Hijo del Dios viviente.

Y Jesús, respondiendo, le dijo: Bienaventurado eres, Simón, hijo de Jonás, porque esto no te lo reveló carne ni sangre, sino mi Padre que está en los cielos. Yo también te digo que tú eres Pedro, y sobre esta roca edificaré mi iglesia; y las puertas del Hades no prevalecerán sobre ella." Mateo 16:13-18

Si bien este texto ha sido sujeto a distintas interpretaciones, Dios nos ha provisto de amplia ayuda en el resto de las Escrituras para poder entender lo que Cristo mismo quiso decir. En su primera epístola Pedro, escribió:

"Y viniendo a Él como a una piedra viva, desechada por los hombres, pero escogida y preciosa delante de Dios,

también vosotros, como piedras vivas, sed edificados como casa espiritual para un sacerdocio santo, para ofrecer sacrificios espirituales aceptables a Dios por medio de Jesucristo.

Pues esto se encuentra en la Escritura: He aquí, pongo en Sion una piedra escogida, una preciosa piedra angular, y el que crea en Él no será avergonzado.

Este precioso valor es, pues, para vosotros los que creéis; pero para los que no creen, la piedra que desecharon los constructores, ésa, en piedra angular se ha convertido, y, piedra de tropiezo, y roca de escándalo;

pues ellos tropiezan porque son desobedientes a la palabra, y para ello estaban también destinados." I Pedro 2:4-8

Entendámoslo bien, léalo de nuevo si necesita. Pedro está declarando acá entre otras cosas, que aquel Jesús, aquel a quien años atrás había reconocido públicamente como el *"Cristo, el Hijo del Dios viviente"*, es una piedra desechada por los hombres, pero la piedra escogida por

Dios, y la piedra principal del edificio.

De las palabras anteriores, y con la ayuda de otras Escrituras, podemos sacar aún más, amplias e importantes reflexiones y enseñanzas. Aprovecho a notar por lo menos las siguientes:

1. A todos los cristianos se nos llama a venir directamente a la *"piedra viva"*, que indudablemente el contexto revela ser Cristo, el Señor.

2. Cristo, la *"piedra viva"*, *"la piedra escogida, y preciosa delante de Dios"*, es también la piedra *"desechada por los hombres."* Hace dos mil años las autoridades religiosas, los ancianos y sacerdotes judíos, rechazaron a Jesús. Esto debe servirnos de seria advertencia en nuestros días, para no poner nuestra fe en otra piedra que no sea Cristo. De hacerlo, estaríamos desechando la piedra escogida por Dios.

3. Muchas veces la Biblia refiriéndose al papel fundamental, primordial, imprescindible e irremplazable, que tiene Dios en la vida de su pueblo, lo llama la Roca. Dios mismo es la peña del desierto judío que sirve de refugio para el que huye de sus enemigos, o de las bestias salvajes. Dios mismo es aquella formación rocosa masiva inmovible, que ofrece permanencia y estabilidad a quienes están edificados sobre ella.

El profeta Isaías escribió ocho siglos antes de la venida de Jesús: *"Al de firme propósito guardarás en perfecta paz, porque en ti confía. Confiad en el SEÑOR para siempre, porque en DIOS el SEÑOR, tenemos una Roca eterna."* Isaías 26:3-4

Las Escrituras no reconocen otra Roca fundamental aparte de Dios. *"No tembléis ni temáis; ¿no os lo he hecho oír y lo he anunciado desde hace tiempo? Vosotros sois mis testigos. ¿Hay otro dios fuera de mí, o hay otra Roca? No conozco ninguna."* Isaías 44:8

4. Pablo hace referencia a Cristo como la roca espiritual de la que bebió el pueblo de Israel en su ruta por el desierto, después de que salieron de Egipto camino a la Tierra Prometida. En I Corintios 10:4 el apóstol escribió: *"Y todos bebieron la misma bebida espiritual, porque bebían de una roca espiritual que los seguía; y la roca era Cristo."*

5. El ejemplo que Jesucristo empleó para ilustrar la sabiduría del hombre que no sólo oye sus palabras, mas también las obedece, fue el de una persona que edificó su casa sobre la roca. En otras palabras, el edificar nuestras vidas en Cristo es equivalente a edificarlas en una fundación rocosa sólida y segura.

"Por tanto, cualquiera que oye estas palabras mías y las pone en práctica, será semejante a un hombre sabio que edificó

su casa sobre la roca;

y cayó la lluvia, vinieron los torrentes, soplaron los vientos y azotaron aquella casa; pero no se cayó, porque había sido fundada sobre la roca.

Y todo el que oye estas palabras mías y no las pone en práctica, será semejante a un hombre insensato que edificó su casa sobre la arena;

y cayó la lluvia, vinieron los torrentes, soplaron los vientos y azotaron aquella casa; y cayó, y grande fue su destrucción." Mateo 7:24-27

6. Algunos piensan que Pedro es la piedra sobre la que Cristo edificó su iglesia. Pero, tal como hemos visto, <u>Pedro mismo</u> declaró que *"la piedra angular"* de la iglesia de Dios es Cristo.

7. Entonces, ¿qué quiso decir Jesús, cuando declaró en Mateo 16:18 *"Yo también te digo que tú eres Pedro, y sobre esta roca edificaré mi iglesia"*? Un par de consideraciones de las palabras usadas en el griego, el idioma en que fue escrito el Nuevo Testamento, nos ayudan a entender mejor este pasaje. Veamos:

La palabra traducida 'Pedro', en el griego es 'petros', es decir 'piedra' (Número de referencia 4074 en la Concordancia Strong.)

En cambio, la palabra traducida 'roca' en el griego es 'petra', es decir 'roca' (Número de referencia 4073 en la Concordancia Strong.)

Thayer observa la distinción entre 'petros' y 'petra', refiriéndose en uno a un fragmento de roca, y en el otro a una roca masiva.

El observar el uso de la palabra 'petra', o 'roca', en varios pasajes de las Escrituras, nos ayuda a entender mejor su significado a través de los contextos en los cuales es usada. Dicha palabra es usada de entre los distintos pasajes, en los siguientes:

- **Mat 7:24** "Cualquiera que oye estas palabras mías y las pone en práctica, será semejante a un hombre sabio que edificó su casa sobre la roca **[gr.: petra]**" Observe que nadie va a edificar sobre un fragmento de piedra, pero sí sobre una roca grande.

- **Mat 27:51** *"He aquí, el velo del templo se rasgó en dos, de arriba abajo, y la tierra tembló y las rocas* **[gr.: petra]** *se partieron"* Observe que en el terremoto que ocurrió al morir nuestro Señor Jesucristo en la cruz, las rocas se partieron. Las piedras caídas en el suelo no se partirían, sino más bien rodarían sobre la tierra. La palabra roca, 'petra' en el griego, da a entender algo masivo.

- **Mat 27:59-60** "Tomando José el cuerpo... lo puso en su sepulcro nuevo que él había excavado en la roca [gr.:petra], y después de rodar una piedra grande [gr.: megas litos] a la entrada del sepulcro, se fue." Notemos que 'petra' en este contexto contrasta y es mayor que una piedra grande.

- **Apoc 6:15-17** *"Se escondieron en las cuevas y entre las peñas [gr.:petra] de los montes; y decían a los montes y a las peñas [gr.: petra]: Caed sobre nosotros..."* Vemos que en la Gran Tribulación que está por venir sobre todo el mundo, la gente rebelde a Dios se esconderá en las peñas [gr.: petra], y desearán ser aplastados por ellas antes que enfrentar la ira del Cordero de Dios.

En la declaración de Cesarea de Filipo Jesús estaba diciendo que iba a edificar su iglesia sobre la roca. Esta roca no era Pedro. Pedro, así como los demás creyentes somos piedras edificadas sobre la Roca, formando un edificio espiritual.

Jesús estaba haciendo un juego de palabras para darle mayor impacto a su declaración; una práctica muy común en la cultura y literatura judía bíblica. En el contexto de Mateo 16 la roca es la revelación de que Jesús es el ungido, el enviado, el Hijo de Dios. Jesús, nadie más, es ¡el Cristo, el

Hijo del Dios viviente! Ninguna otra persona, organización, credo o sistema, es el fundamento de la iglesia que Jesús fundaría. Véase Juan 20:31.

Pedro no es la roca que Dios escogió para fundar su iglesia. De hecho, momentos después de esta declaración Jesús reprendía a Pedro, llamándolo Satanás, y piedra de tropiezo al mismo Mesías.

"Desde entonces Jesucristo comenzó a declarar a sus discípulos que debía ir a Jerusalén y sufrir muchas cosas de parte de los ancianos, de los principales sacerdotes y de los escribas, y ser muerto, y resucitar al tercer día.

Y tomándole aparte, Pedro comenzó a reprenderle, diciendo: ¡No lo permita Dios, Señor! Eso nunca te acontecerá.

Pero volviéndose Él, dijo a Pedro: ¡Quítate de delante de mí, Satanás! Me eres piedra de tropiezo; porque no estás pensando en las cosas de Dios, sino en las de los hombres." Mateo 16:21-23

Imagínese la expresión que debió haber tenido Pedro ante tal reprensión de nuestro Señor. No, ¡Pedro no es la roca de la iglesia!

8. La Biblia nos enseña claramente que la iglesia no es un edificio físico, de ladrillos y tejas; sino fundamentalmente, un organismo viviente, un cuerpo formado por todos los que hemos puesto

nuestra fe en Jesús, por aquellos que lo reconocemos como Señor, escuchando su palabra y obedeciéndole de corazón, permaneciendo así en Él.

Jesús dijo a los judíos que habían creído en Él: *"Si vosotros permanecéis en mi palabra, verdaderamente sois mis discípulos; y conoceréis la verdad, y la verdad os hará libres."* Juan 8:31-32

En Lucas 6:46 Jesús dice: *"¿Por qué me llamáis: "Señor, Señor", y no hacéis lo que yo digo?"*

En otras palabras, los discípulos de Jesús son los que permanecen en la palabra de Jesús, no en Pedro, o un supuesto sucesor de Pedro.

9. En su primera carta Pedro llama a todos los cristianos a venir a Jesús, la piedra angular. El llamado incluye el ser edificados en una casa o templo espiritual, *"para ofrecer sacrificios espirituales aceptables a Dios por medio de Jesucristo."* I Pedro 2:5

Si bien la iglesia no es un edificio físico, y si bien Pedro no es la Roca, tanto Pedro como todos los cristianos podemos y debemos vernos, en forma figurativa, como piedras vivas, edificadas sobre la *"Piedra escogida"* por Dios.

En cuanto a los sacrificios espirituales a los que se refiere Pedro; éstos no son trabajos, sufrimientos o penitencias que buscan comprar el favor de Dios. No, el resto de las Escrituras concuerdan con que Pedro está refiriéndose a que vivamos una vida rendida a Jesús, entregada a Dios, viviendo en obediencia a su palabra y voluntad, dedicados a la oración, y las buenas obras de acuerdo a la guía del Espíritu Santo. Estas obras son un sacrificio, pues implica que pongamos la voluntad de Dios por encima de los deseos egoístas, vanos, necios y corruptos que brotan de nuestra naturaleza pecadora.

No, Dios no requiere que nos impongamos penitencias, flagelos o castigos. Dios no necesita ver sangre correr sobre nuestras espaldas para inclinar su rostro compasivo hacia nosotros. Los sacrificios que Dios busca son el comportamiento recto y agradable, resultado de una fe viva en Jesús, y comunión con Dios. De estos sacrificios espirituales está hablando Pedro; sacrificios que nacen de un corazón agradecido a Dios por su amor y salvación; un corazón deseoso de vivir una vida aceptable a Él.

10. Notemos que en I Pedro 2:8 el apóstol escribe que *"La piedra que desecharon los constructores"* se ha convertido en *"Piedra de tropiezo y roca de escándalo."* El apóstol nos da en el mismo versículo la razón de ello: *"Ellos tropiezan"* dijo Pedro, *"porque son desobedientes a la palabra, y para ello estaban destinados."*

Los hombres de Israel en los días del profeta Samuel le rogaron que nombrara un rey sobre

Israel como las demás naciones de alrededor. Los israelitas ya no querían seguir siendo gobernados por un rey invisible, Dios (I Samuel 8). Samuel se entristeció mucho. Dios le dijo que el pueblo no estaba rechazando a Samuel, sino a Dios mismo.

Lamentablemente, lo mismo sucede con los que han puesto o aceptado a un hombre como el resto, a un pecador, como la roca de la iglesia. Al hacerlo están desechando a Cristo, despreciándolo a Él y a su Palabra. Ellos quieren una roca visible, y en el proceso desechan la Roca invisible.

Samuel reprendió al rey Saúl en cierta ocasión, diciéndole: *"La rebelión es como pecado de adivinación, y la desobediencia, como iniquidad e idolatría. Por cuanto has desechado la palabra del SEÑOR, Él también te ha desechado..."* I Samuel 15:23

11. Pablo al regreso de su tercer viaje misionero, camino a Jerusalén, llamó a los ancianos de la iglesia en Éfeso cuando pasaba por Mileto. Después de exhortarles a permanecer firmes y a cuidar del rebaño que Dios *"compró con su propia sangre"*, los encomendó a *"Dios y a la palabra de su gracia";* diciéndoles que la palabra *"es poderosa para edificaros y daros herencia entre todos los santificados."* Hechos 20:28-32. Vea que Pablo no los encomendó a una organización u hombre pecador como nosotros. No, no los

encomendó a Pedro; sino a Dios y a las Escrituras.

Pablo mismo, en cierta ocasión reprendió y tildó a Pedro de actuar con hipocresía. El incidente quedó registrado en la epístola a los Gálatas, donde Pablo escribió: *"Cuando Pedro vino a Antioquía, me opuse a él cara a cara, porque era de condenar... Y el resto de los judíos se le unió en su hipocresía..."* Para más detalle leer Gálatas capítulo 2, versículo 11 en adelante. El punto que deseo hacer es, simplemente, que los hombres somos débiles y fallamos; y que por eso el fundamento de la iglesia no puede ser nadie menos que Cristo mismo, tal como lo dijo Jesús y lo revelan las Escrituras.

12. Por si todavía usted necesita más confirmación de que Jesús es la Roca, la Escritura la provee. Pablo la da directamente, sin dar lugar a dudas. En su primera carta a los corintios el apóstol escribió: *"Nadie puede poner otro fundamento que el que ya está puesto, el cual es Jesucristo."* I Corintios 3:11

13. Notemos también que Cristo, no nosotros, es quien edifica la iglesia. Jesucristo la construye usando hombres y mujeres rendidos a sus pies, dispuestos a ser moldeados en las manos del Alfarero, para su gloria.

Dios, por medio del Espíritu Santo, lleva a cabo su obra aceptable a través de nosotros, y en nosotros al ir siendo edificados por Él *"como casa espiritual para un sacerdocio santo, para ofrecer sacrificios espirituales aceptables a Dios por medio de Jesucristo."* I Pedro 2:5

Esto está en total acuerdo con lo que Cristo le dijo a Pedro en Cesarea de Filipo: *"Sobre esta roca <u>edificaré</u> mi iglesia; y las puertas del Hades no prevalecerán contra ella."* Mateo 16:18.

Cristo no le dijo a Pedro "edificarás mi iglesia", sino más bien, <u>Yo</u> *"edificaré mi iglesia"*. Notemos también que Jesús dijo *"<u>mi</u> iglesia"*. La iglesia no le pertenece a una organización en particular, ni a ninguna denominación exclusiva de este mundo. La iglesia le pertenece a Cristo.

Que Dios es quien moldea a sus hijos, conformándonos a la imagen de su Primogénito, Jesús, es claro en muchos lugares de las Escrituras. En la segunda carta a los corintios Pablo dijo:

"No somos como Moisés, que ponía un velo sobre su rostro para que los hijos de Israel no fijaran su vista en el fin de aquello que había de desvanecerse. Pero el entendimiento de ellos se endureció; porque hasta el día de hoy, en la lectura del antiguo pacto el mismo velo permanece sin alzarse, pues sólo en Cristo es quitado. Y hasta el día de hoy, cada vez que se lee a Moisés, un velo está puesto sobre sus corazones;

Pero cuando alguno se vuelve al Señor, el velo es quitado. Ahora bien, el Señor es el Espíritu; y donde está el Espíritu del Señor, hay libertad.

Pero nosotros todos, con el rostro descubierto, contemplando como en un espejo la gloria del Señor, <u>estamos siendo transformados en la misma imagen</u> de gloria en gloria, como <u>por el Señor, el Espíritu</u>." II Pedro 3:13-18

Los judíos leen en el Antiguo Testamento los escritos de Moisés que declaran la ley, el sacerdocio levítico, y los sacrificios y ceremonias que el pueblo de Dios debía seguir. Lamentablemente, ellos no entienden la realidad, cumplimiento y propósito de todo lo que leen, pues tienen un velo sobre sus ojos espirituales. El entendimiento de ellos se ha nublado como resultado de haber rechazado a Cristo. Ese velo se quita únicamente al venir a Cristo.

Jesús les dijo a los judíos en sus días: *"Examináis las Escrituras, porque vosotros pensáis que en ellas tenéis vida eterna; y ellas son las que dan testimonio de mí; y <u>no queréis venir a mí</u> para que tengáis vida."* Juan 5:39-40

14. Personas de muchas sectas y grupos religiosos que tienen la Biblia, caminan confundidos por no venir a Cristo. Han puesto su confianza ciegamente en la organización a la que

pertenecen, abrazándola como cabeza y autoridad máxima espiritual de sus vidas. Lo hacen a un costo muy alto por depositar su fe y destino eterno en las manos de los hombres y no de Dios.

Pablo en I Corintios 11:3 escribe *"Quiero que sepáis que la cabeza de todo hombre es Cristo, y la cabeza de la mujer es el hombre, y la cabeza de Cristo es Dios."* El plan de Dios es que la cabeza de todo hombre sea Cristo mismo. Así como la cabeza de la mujer en el hogar es el hombre, la cabeza de todo hombre, y la cabeza de la iglesia, es Cristo.

15. La iglesia Católica Romana, al mal interpretar las palabras del Señor en Cesarea de Filipo, por no considerarlas a la luz del resto de las Escrituras, yerran en cuanto al papel de Pedro en la iglesia. Como resultado, ellos han dado a su máxima autoridad los títulos de Santo Padre, Sumo Pontífice, y Cabeza de la Iglesia entre otros.

    Pedro mismo estaría embargado de profunda tristeza y dolor en su corazón, al ver a qué grado se ha distorsionado la palabra de Dios, llegando a exaltar a un hombre pecador a tal nivel.

    En su primera epístola Pedro escribe:

    "A los ancianos entre vosotros, exhorto yo, anciano como ellos y testigo de los padecimientos de Cristo, y también

participante de la gloria que ha de ser revelada:

Pastoread el rebaño de Dios entre vosotros, velando por él, no por obligación, sino voluntariamente, como quiere Dios; no por la avaricia del dinero, sino con sincero deseo;

<u>Tampoco como teniendo señorío sobre los que os han sido confiados</u>, sino demostrando ser ejemplos del rebaño.

Y cuando aparezca <u>el Príncipe de los pastores</u>, recibiréis la corona inmarcesible de gloria." I Pedro 5:1-4

Pedro reconoce acá ser un anciano espiritual, una persona madura en la palabra y el camino del Señor, capaz de enseñar a otros. Pero también reconoce que es un anciano como los otros. Pedro no usa un título especial y superior por encima de los otros ancianos. Es más, les advierte de no enseñorearse del rebaño de Dios, exhortándolos a servir al rebaño. ¿Cómo? Pastoreando el rebaño, velando por el rebaño.

La palabra en el griego traducida acá 'pastoreando', viene de la palabra griega 'poimaíno', que significa 'pastorear' en el sentido de un pastor que alimenta a sus ovejas, cuidándolas, ejerciendo supervisión sobre ellas, no para manipularlas, aplastarlas u oprimirlas sino para cuidarlas; preocupándose por su salud y bienestar; cuidando de que no caigan en un barranco, o se metan en aguas profundas, o corrientes que las ahogarían.

De igual manera los ancianos o pastores de la iglesia deben alimentar a las ovejas, con la palabra pura de Dios, con la doctrina sana sin adulterar; velando por ellas, de que no sean desviadas con falsas enseñanzas; preocupándose de que no sólo escuchen y conozcan intelectualmente la palabra de Dios, mas que la abracen de corazón caminando en la luz y voluntad de Dios.

Pedro reconoce en el texto bíblico anterior, que hay un Príncipe de los Pastores, un Pastor Supremo; y ése no es él, ni un supuesto sucesor suyo, sino Jesús.

16. Cuando la religión católica aplica el término de Santo Padre a su líder, está dándole un título que le corresponde sólo a Dios. Jesús advirtió al respecto:

> *"Pero vosotros no dejéis que os llamen Rabí; porque uno es vuestro Maestro y <u>todos vosotros sois hermanos</u>. Y <u>no llaméis a nadie padre vuestro en la tierra</u>, porque <u>uno es vuestro Padre, el que está en los cielos</u>.... Pero el mayor de vosotros será vuestro servidor."* Mateo 23:8-11

Jesús no está prohibiendo que llamemos padre a nuestros padres naturales; pero que en el ámbito espiritual hemos de reconocer que todos somos hermanos, y uno nuestro padre espiritual, Dios.

Claro, los pastores pueden, y deberían, experimentar un sentimiento paternal afectuoso hacia las ovejas que cuidan y guían; pero jamás deben sobrepasar la línea tomándose el puesto que le corresponde solamente a Dios. Veamos algunos pasajes pertinentes:

En I Tesalonicenses 2:11 Pablo escribe: *"Sabéis de qué manera os exhortábamos, alentábamos e implorábamos a cada uno de vosotros, como un padre lo haría con sus propios hijos."*

Hablando de Timoteo, y de la ayuda y fidelidad que éste le mostró en el servicio del evangelio, Pablo escribió: *"Vosotros conocéis sus probados méritos, que sirvió conmigo en la propagación del evangelio como un hijo sirve a su padre."* Filipenses 2:22

En su segunda carta a Timoteo, Pablo escribe con ternura: *"A Timoteo, amado hijo: Gracia, misericordia y paz de Dios Padre y de Cristo Jesús nuestro Señor."* II Timoteo 1:2

Pablo llama 'hijo' a Timoteo. Pero en ningún momento leemos en las Escrituras que Pablo, Pedro, o ningún otro apóstol se identificara a sí mismo con el título formal de 'Padre de los creyentes', o 'Padre de la iglesia'. Tampoco los primeros discípulos llamaron a ningún apóstol con dichos apelativos.

Y téngalo por seguro, que jamás le dieron a ningún apóstol el título de 'Santo Padre'. No sólo un creyente o líder exclusivamente, sino todos los creyentes somos 'santos'. Somos santos, en el sentido de que hemos sido purificados y apartados para Dios y sus propósitos, por la sangre de Jesús.

En el Antiguo Testamento los sacerdotes y los utensilios del tabernáculo eran purificados ceremonialmente de las impurezas y transgresiones del pueblo, para poder ser usados en el servicio de Dios; esta purificación se hacía por medio de sangre de animales derramada de acuerdo a sacrificios prescritos por la ley. Al venir Jesucristo, derramó su sangre en la cruz; por esa sangre somos los cristianos purificados de nuestra inmundicia y pecados, siendo apartados y aceptados para el servicio a Dios en su iglesia.

Es la sangre de Jesús, pues, la que nos santifica. Y a parte del sacrificio de Jesús en la cruz, nadie, repito, nadie, absolutamente nadie, tienen el derecho de considerarse puro y digno de servir a Dios; ni Pedro, ni Pablo, ni ninguna otra persona. Todos los cristianos, aunque caminemos en la luz de Dios por el poder del Espíritu Santo, somos imperfectos, y tenemos que luchar y negar nuestra naturaleza pecadora, fallando a veces y teniendo que pedir perdón a Dios frecuentemente.

17. En cuanto al término 'Sumo Pontífice', su significado y uso histórico nos muestran que es un término totalmente inapropiado. En la página web www.en.wikipedia.org, accedida el 3 de mayo del 2008, encontré una referencia que traduzco al español a continuación: *"El... 'Collegium Pontíficum' (Collegium en latín significa una junta o comité más que una institución educativa) era un cuerpo 17. del estado romano antiguo cuyos miembros eran los sacerdotes del más alto rango en la religión estatal politeísta... El 'Pontifex Maximus' era el Sumo sacerdote del antiguo Colegio Romano de Pontífices. Esta era la posición más importante en la antigua religión romana... empezando con Augusto (este título) se incorporó al cargo imperial. Su último uso con referencia a los emperadores fue en inscripciones de Graciano, quien fuera emperador del 375 al 383 DC, quien, sin embargo, decidió omitir las palabras 'Pontifex Máximus' de su título... el edicto del emperador Teodosio 'De Fide Católica" del 27 de febrero del 380 DC hace referencia a Damasus como 'Pontífice', no como 'Sumo Pontífice'. Es hasta mucho más tarde en la historia que el título 'Pontífice Máximo' aparece en edificios, monumentos y monedas de un Papa específico del*

Renacimiento y en los tiempos modernos... el término 'Pontifex' quiere decir 'constructor de puente' (pons, facere); 'Maximus' literalmente quiere decir 'el más grande'... los pontífices eran los que formaban un puente entre los dioses y los hombres."

En el contexto histórico y etimológico, el que una persona acepte llevar el título de 'Sumo Pontífice' es algo serio ante Dios. No creo que Dios vea con agrado el que alguien se tome tal honor. Sólo hay una persona capaz de establecer un puente entre Dios y los hombres, esa persona es Jesús; y lo hizo al morir en la cruz. De hecho, Jesús mismo es el puente.

En el libro de los Hechos de los Apóstoles encontramos un pasaje que nos muestra cómo Pedro no aceptó mayor honra que la que le correspondía. En Hechos 10:25-26 leemos cuando es enviado por el Señor a la casa de un centurión romano llamado Cornelio, para compartir el evangelio: *"Sucedió que cuando Pedro iba a entrar, Cornelio salió a recibirlo, y postrándose a sus pies, lo adoró. Mas Pedro lo levantó, diciendo: Ponte de pie; yo también soy hombre."* Vemos que Pedro no permitió que se le arrodillaran en señal de honor y reverencia especial.

18. En cuanto al camino espiritual que usted sigue, más vale que sea confirmado por las Escrituras. Si las enseñanzas que usted ha abrazado

tradicionalmente van en contra de ellas, tiene que hacer una decisión: O confiar en los hombres o confiar en Dios. Realmente sería una necedad preferir confiar en los hombres que en Dios; o por pereza no tomarse el tiempo y la energía de confirmar con las Escrituras que el camino que usted sigue, es el verdadero camino de Dios.

Los hombres tenemos un corazón engañoso, y necesitamos de un Redentor poderoso e infalible. El único poderoso y confiable en quien depositar nuestra seguridad eterna es Cristo.

En Jeremías 17:9-10 leemos:

> "*Más engañoso que todo, es el corazón, y sin remedio; ¿quién lo comprenderá? Yo, el SEÑOR, escudriño el corazón, pruebo los pensamientos, para dar a cada uno según sus caminos, según el fruto de sus obras.*"

Pablo exclamó en su segunda carta a Timoteo:

> "*Yo sé en quién he creído* (es decir, en Jesús), *y estoy convencido de que es poderoso para guardar mi depósito hasta aquel día.*" II Timoteo 1:12.

Pablo sabía que el único lugar seguro para su alma era en las manos de Cristo, no de otro hombre. El Buen Pastor declaró: "*Mis ovejas oyen mi voz, y yo las conozco y me siguen; y yo les doy vida eterna y jamás perecerán, y nadie las arrebatará de mi* *mano. Mi Padre que me las dio es mayor que todos, y <u>nadie las puede arrebatar de la mano del Padre</u>. Yo y el Padre somos uno."* Juan 10:27-30.

Qué oveja sería tan insensata como para preferir depositar su alma en los brazos de un hombre pecador en lugar de los brazos amorosos, seguros y poderosos de Cristo. No hay hombre que no sea falible aparte del Hijo de Dios, tal como dijo Pablo *"por cuanto todos pecaron y no alcanzaron la gloria de Dios."* Romanos 3:23

19. Tal vez este tema es un área prohibida para usted, un campo al que no se atreve entrar, una cerca que no osa traspasar. Y la razón es 'fidelidad': Fidelidad a su familia, a la tradición religiosa de su familia. Pero mayor fidelidad a su familia y a su hogar es el que usted determine si el curso espiritual heredado de sus antepasados necesita corrección. Qué gran contribución les aportaría al exponer valientemente el error, corrigiendo el curso en el que van; compartiendo con ellos la fuente de agua espiritual pura sin contaminación.

20. Otro aspecto importante que vemos en las Escrituras anteriores es el sacerdocio de <u>todos</u> los creyentes:

"Y viniendo a Él como a una piedra viva, desechada por los hombres, pero escogida y preciosa delante de Dios, también vosotros, como piedras vivas,

sed edificados como casa espiritual para un sacerdocio santo ..." I Pedro 2:4-5

Todos los creyentes, al venir a Cristo, pasamos a ser miembros de una casta sacerdotal santa; sacerdotes para llevar a cabo sacrificios agradables y aceptables a Dios por medio de Jesucristo. Éste es el sacerdocio del Nuevo Testamento.

Así como en el Antiguo Testamento los sacerdotes levitas, descendientes de Aarón, ofrecían sacrificios ceremoniales a favor del pueblo de Dios; en el Nuevo Testamento todos los creyentes somos sacerdotes llamados a ofrecer sacrificios espirituales aceptables a Dios.

Tenga en cuenta que la primera epístola de Pedro fue escrita a cristianos en general, sin distinción o rango religioso; hombres y mujeres que por motivos de su fe habían sido expatriados a las regiones que ahora son parte del país conocido como Turquía; a los expatriados del Ponto, Galacia, Capadocia, Asia y Bitinia (I Pedro 1:1). Es a ellos, y a todos los creyentes en general, a lo largo de la historia de la iglesia, en todas partes del mundo, a quienes Pedro nos dice ser llamados a un *'sacerdocio santo'*.

Posteriormente, en la misma carta, el apóstol nos dice que somos *"linaje escogido, real sacerdocio, nación santa, pueblo adquirido para posesión de Dios, a fin de que anunciéis las virtudes de aquel que os llamó de las tinieblas a su luz admirable"* I Pedro 2:9

Los cristianos somos, además de sacerdotes, hijos del Rey. Por esa razón Pedro nos llama un *'sacerdocio real'*. Y como tal, somos llamados a venir ante el trono celestial, al altar celestial, al trono de Dios, para ofrecerle nuestras vidas como un sacrificio vivo, entregado a hacer su voluntad.

Como sacerdotes somos llamados también a presentarle alabanzas a Dios, y también nuestras peticiones por nosotros y por los demás. Asimismo somos llamados a proclamar al mundo, en palabra y obra, con la ayuda del Espíritu Santo, la grandeza de Dios y sus maravillas. Tal como leímos, hemos sido adquiridos *"a fin de que anunciéis las virtudes de aquel que os llamó de las tinieblas a su luz admirable"*

Jesús antes de ascender al cielo les dijo a sus discípulos: *"Recibiréis poder cuando el Espíritu Santo venga sobre vosotros; y me seréis testigos en Jerusalén, en toda Judea y Samaria, y hasta los confines de la tierra"* Hechos 1:8. Ése es nuestro llamado, ser testigos de Cristo en el mundo.

III

LAS LLAVES DEL REINO

Cuando el Señor le respondió a Pedro indicando que Él mismo, Jesús, edificaría su iglesia; también habló de las llaves del reino de los cielos. Esta es otra escritura cuyo significado ha sido bastante malinterpretado. Jesús le dijo a Pedro en dicha ocasión: *"Yo te daré las llaves del reino de los cielos; y lo que ates en la tierra, será atado en los cielos; y lo que desates en la tierra, será desatado en los cielos."* Mateo 16:19

Cuando Jesús habló de darle a Pedro las llaves del reino de los cielos, no se refería a que Pedro es la persona que va escoger un día quién puede entrar en el reino y quién no. Ningún hombre es capaz de juzgar el corazón y las obras de otro ser humano para decidir su destino eterno, sólo Jesús.

En el libro de los Hechos de los Apóstoles encontramos el discurso que diera Pablo en Atenas, donde el apóstol declaró: *"Por tanto, habiendo pasado por alto los tiempos de ignorancia, Dios declara ahora a todos los hombres, en todas partes, que se arrepientan, porque Él ha establecido* un día en el cual juzgará al mundo en justicia, por medio de un Hombre a quien ha designado, habiendo presentado pruebas a todos los hombres al resucitarle de entre los muertos." Hechos 17:30-31. Este hombre ¡es Jesús!

¿A qué se refiere el Señor cuando usó el término *"la llave del reino de los cielos"*? Bueno, se refiere al evangelio de salvación; a la revelación de cómo puede el hombre ser salvo a través de la fe. Pablo escribió sobre ello en la carta a los romanos. Leamos:

"Cerca de ti está la palabra, en tu boca y en tu corazón, es decir, la palabra de fe que predicamos: que si confiesas con tu boca a Jesús por Señor, y crees en tu corazón que Dios le resucitó de entre los muertos, serás salvo;

Porque con el corazón se cree para justicia, y con la boca se confiesa para salvación. Pues la Escritura dice: Todo el que cree en Él no será avergonzado. Porque no hay distinción entre judío y griego, pues el mismo Señor es Señor de todos, abundando en riquezas para todos los que le invocan; porque: Todo aquel que invoque el nombre del Señor será salvo.

¿Cómo, pues, invocarán a aquel en quien no han creído? ¿Y cómo creerán en aquel de quien no han oído? ¿Y cómo oirán sin haber quien les predique? ¿Y cómo predicarán si no son enviados? Tal como está escrito: ¡Cuán

hermosos son los pies de los que anuncian el evangelio del bien!" Romanos 10:8-15

Dios ha enviado al Espíritu Santo para testificarnos que Jesús murió por nosotros; el único digno y puro para ser ofrecido como ofrenda aceptable a Dios por nuestros pecados. El Espíritu testifica también que Dios le resucitó de la muerte. Al creer estas cosas estamos reconociendo como verdadero el testimonio de Dios. Habiendo creído de corazón, el paso siguiente es aceptar a Jesús como Señor, es decir, como a alguien que tiene autoridad total sobre nosotros.

Al confesar a Jesús como Señor, sin avergonzarnos ante los hombres, recibimos salvación. Dios borra entonces nuestros pecados, y nos recibe como hijos adoptivos para heredar el reino junto con su Hijo Jesucristo. Ése es el evangelio, ésa es la buena noticia, las buenas nuevas; ésas son las llaves del reino de los cielos. Y Pedro las usó, anunciándolo muy efectivamente el día de Pentecostés; de manera que tres mil personas recibieron salvación entrando al reino de Dios. El evento lo leemos en el capítulo dos del libro de Hechos. Le animo a que lo lea.

Estas llaves usadas por Pedro, por primera vez en Pentecostés, no fueron dadas exclusivamente a Pedro. Si bien Pedro fue quien las usó primero, Dios se las ha dado a toda la iglesia; a cada miembro de ella; a todos y cada uno de sus discípulos para que declaremos el evangelio, invitando a otros a creer y ser salvos.

Un par de capítulos más adelante, leemos que Jesús le da autoridad a sus discípulos para atar y desatar; tal como se la dio a Pedro en Mateo 16:19. Leamos: *"En verdad os digo: todo lo que atéis en la tierra, será atado en el cielo; y todo lo que desatéis en la tierra, será desatado en el cielo. Además os digo, que si dos de vosotros se ponen de acuerdo sobre cualquier cosa que pidan aquí en la tierra, les será hecho por mi Padre que está en los cielos. Porque donde están dos o tres reunidos en mi nombre, allí estoy yo en medio de ellos."* Mateo 18:18-20

¿Qué quiso decir Jesús con ello? Bueno, que usando la luz de las Escrituras; la luz de su revelación respecto a la justicia, la gracia, el plan, la voluntad y el propósito de Dios, podemos declarar personas o situaciones como atadas o desatadas, no tanto porque nosotros atemos o desatemos caprichosamente a nuestro antojo y voluntad; mas por el respaldo de la palabra de Dios, bajo la guía del Espíritu Santo.

Entendamos que las palabras anteriores encontradas en Mateo 18 aparecen dentro del contexto del perdón. Jesús estaba hablando de la necesidad de reprender al hermano que peca contra uno; y de perdonarlo o no dependiendo de que se arrepienta o no. El perdonarlo es equivalente a desatarlo, dejarlo libre de toda culpa, no atado a más reproche de parte del ofendido y de la iglesia. El no perdonarlo y excluirlo de la iglesia si no se arrepiente es equivalente a atarlo, dejarlo atado a su pecado, no considerarlo libre de culpa sino atado a ella, hasta que haya arrepentimiento.

El apóstol Juan escribe también del perdón, y de esa autoridad dada por Jesús a sus discípulos el día que resucitó de la muerte. Estaban todos reunidos en un mismo lugar cuando Jesús se les apareció y les dijo: *"Paz a vosotros; como el Padre me ha enviado, así también yo os envío. Después de decir esto, sopló sobre ellos y les dijo: Recibid el Espíritu Santo. A quienes perdonéis los pecados, éstos les son perdonados; a quienes retengáis los pecados, éstos les son retenidos."* Juan 20:21-23

Entendamos que Cristo no estaba estableciendo acá un sistema de confesión eclesiástica formal, donde es necesario ir a un hombre, a un mediador entre Dios y nosotros aparte de Jesús, para confesarle nuestros pecados, para que nos los perdone en nombre del Señor.

Por supuesto que si hemos ofendido a alguien, debemos ir al ofendido y pedirle perdón. Si hemos robado, debemos restituir lo robado; o por lo menos hacer todo lo que podamos de nuestra parte para restituir el daño hecho. Pero, sea el pecado que sea, a quien debemos confesar nuestra ofensa es a Dios antes que a nadie. No porque Dios no conozca lo que hemos hecho; pues Él es omnipresente, es decir está en todas partes; y es omnisciente, es decir, conoce y sabe todo. Mas debemos confesarle a Dios nuestros pecados pues toda ofensa, toda actitud y comportamiento que viola la ley de Dios es un insulto, un pecado contra Él. El venir a Él con corazón contrito y arrepentido, confesando y reconociendo nuestra culpa, es una muestra de arrepentimiento aceptable a Dios. En el salmo 51 encontramos las siguientes declaraciones de David:

> *"Ten piedad de mí, oh Dios, conforme a tu misericordia; conforme a lo inmenso de tu compasión, borra mis transgresiones.*
>
> *Lávame por completo de mi maldad, y límpiame de mi pecado. Porque yo reconozco mis transgresiones, y mi pecado está siempre delante de mí.*
>
> <u>*Contra ti,*</u> *contra ti sólo he pecado, y he hecho lo malo delante de tus ojos, de manera que eres justo cuando hablas, y sin reproche cuando juzga....*
>
> <u>*No te deleitas en sacrificio, de lo contrario yo lo ofrecería;*</u> *no te agrada el holocausto. Los sacrificios de Dios son el espíritu contrito;* <u>*al corazón contrito y humillado, oh Dios, no despreciarás.*</u>*"* Salmo 51:1-17

El trasfondo de este salmo es el quebrantamiento de David, cuando después de haber cometido adulterio con Betsabé, y ordenado el asesinato de su esposo para encubrir su pecado; se arrepiente al ser confrontado por el profeta Natán. David reconoce su pecado y apela a la misericordia de Dios, entendiendo que <u>un corazón quebrantado es mejor que cualquier sacrificio físico o</u>

penitencia que uno pueda ofrecer.

En el salmo 32 leemos las palabras de David reconociendo que es a Dios a quien tenemos que acudir para obtener el perdón de nuestros pecados:

"Te manifesté mi pecado, y no encubrí mi iniquidad. Dije: <u>Confesaré mis transgresiones al SEÑOR</u>; <u>y tú perdonaste la culpa de mi pecado</u>.

Por eso, <u>que todo santo ore a ti</u> en el tiempo en que puedas ser hallado; ciertamente, en la inundación de muchas aguas, no llegarán éstas a él."

Salmo 32:5-6

David acude, pues, a Dios, a quien le confiesa su pecado. Y, bajo la unción del Espíritu Santo, nos invita a hacer lo mismo. Es cierto que en el Antiguo Testamento los israelitas tenían que traer sacrificios al Templo, para ser ofrecidos a Dios por medio de sacerdotes establecidos para dicho servicio. Pero nosotros, en el Nuevo Testamento, no necesitamos venir a un sacerdote pecador como nosotros, cuando tenemos a Cristo, un Sumo Sacerdote puro y perfecto; poderoso y efectivo intercesor y mediador entre Dios y nosotros.

En la epístola a los Hebreos su autor, el Espíritu Santo, nos habla de ese gran Sumo Sacerdote que tenemos en Jesús todos los creyentes:

"Jesús ha venido a ser fiador de un mejor pacto. Los sacerdotes anteriores eran más numerosos porque la muerte les impedía continuar, pero Él conserva su sacerdocio inmutable puesto que permanece para siempre.

Por lo cual Él también es poderoso para salvar para siempre a los que por medio de Él se acercan a Dios, puesto que vive perpetuamente para interceder por ellos.

Porque convenía que tuviéramos tal sumo sacerdote: santo, inocente, inmaculado, apartado de los pecadores y exaltado más allá de los cielos, que no necesita, como aquellos sumos sacerdotes, ofrecer sacrificios diariamente, primero por sus propios pecados y después por los pecados del pueblo; porque esto lo hizo una vez para siempre, cuando se ofreció a sí mismo.

Porque la ley designa como sumos sacerdotes a hombres débiles, pero la palabra del juramento, que vino después de la ley, designa al Hijo, hecho perfecto para siempre." Hebreos 7:22-28

Vemos en las citas anteriores que Jesús trajo un nuevo pacto, uno que reemplazó el pacto y sacerdocio antiguo. El pacto antiguo sirvió temporalmente hasta que viniera el permanente, el que Jesús establecería sobre la base de su propio sacrificio en la cruz.

Ahora podemos acercarnos directamente a Dios a través de Jesucristo, nuestro nuevo Sumo Sacerdote, puro y sin mancha, que no necesita ofrecer sacrificios por sus pecados antes de ofrecer sacrificios por el pueblo de Dios como los sacerdotes del Antiguo Testamento. En la misma epístola leemos también:

> *"Habiendo dicho... Sacrificios y ofrendas y holocaustos, y <u>sacrificios por el pecado no has querido</u>, ni en ellos te has complacido (los cuales se ofrecen según la ley), entonces dijo: He aquí, yo he venido para hacer tu voluntad. <u>El quita lo primero para establecer lo segundo</u>. Por esta voluntad hemos sido santificados mediante la ofrenda del cuerpo de Jesucristo una vez para siempre..."* Hebreos 10:8-10

Es decir, Dios reemplazó los sacrificios del Antiguo Testamento con el sacrificio de su Hijo, ésa era la voluntad de Dios, la cual Jesús obedeció yendo a la cruz por nosotros.

> *"<u>Porque por una ofrenda El ha hecho perfectos para siempre</u> a los que son santificados... Ahora bien, donde hay perdón de estas cosas, ya no hay ofrenda por el pecado. Entonces, hermanos, puesto que <u>tenemos confianza para entrar al Lugar Santísimo por la sangre de Jesús</u>, por un camino nuevo y vivo que El inauguró para nosotros por medio del velo, es decir, su carne, y puesto que tenemos un gran sacerdote*

sobre la casa de Dios, acerquémonos con corazón sincero, en plena certidumbre de fe..." Hebreos 10:14, 18-22

Con la ofrenda de Jesús en la cruz todos nuestros pecados pasados, presentes y futuros están pagados; no requieren más ofrendas y sacrificios para su perdón. Ahora podemos venir con confianza a Dios por medio de Jesús. No necesitamos otro sacerdote como mediador entre Dios y nosotros. El recurrir a otro sacerdote es hacer de lado a Jesús, despreciar su ministerio mediador.

Uno de los ejemplos que respalda nuestra enseñanza lo encontramos en Pentecostés, cuando tres mil almas se convirtieron. En el libro de Hechos leemos que, ante la predicación de Pedro la gente fue tocada en el corazón, y arrepentidos se bautizaron poniendo su fe en Jesús. En el texto bíblico presentado a continuación, observará que Pedro nunca demandó que cada uno confesara sus pecados ante un sacerdote para ser perdonado y pasar a integrar la iglesia de Dios.

"Al oír esto, compungidos de corazón, dijeron a Pedro y a los demás apóstoles: Varones hermanos, ¿qué haremos?

Y Pedro les dijo: Arrepentíos y sed bautizados cada uno de vosotros en el nombre de Jesucristo para perdón de vuestros pecados, y recibiréis el don del Espíritu Santo." Hechos 2:37-38

Otro ejemplo es el de la visita de Pedro a Cornelio, el centurión romano que estaba reunido con sus parientes y amigos íntimos para oír el mensaje que Pedro traía en nombre de Dios, para conocer el camino de la salvación.

"Mientras Pedro aún hablaba estas palabras, el Espíritu Santo cayó sobre todos los que escuchaban el mensaje. Y todos los creyentes que eran de la circuncisión, que habían venido con Pedro, se quedaron asombrados, porque el don del Espíritu Santo había sido derramado también sobre los gentiles, pues les oían hablar en lenguas y exaltar a Dios.

Entonces Pedro dijo: ¿Puede acaso alguien negar el agua para que sean bautizados éstos que han recibido el Espíritu Santo lo mismo que nosotros?" Hechos 10:44-47

Vemos que los parientes y amigos de Cornelio, al oír el evangelio y creer en Jesús fueron salvos. Ellos recibieron el Espíritu Santo en forma evidente, por medio de una manifestación externa inmediata, de manera que Pedro, y los discípulos que iban con él, pudieron ver que Dios no hace acepción de personas, y que el mensaje de salvación no era sólo para los judíos, pero también para los gentiles; para gente de toda lengua, pueblo y nación que creyera y pusiera su fe en Jesús. Una vez más notemos que Pedro no requirió que sus oyentes, en este caso Cornelio y sus acompañantes, se confesaran ante un sacerdote para poder ser perdonados y salvos.

Lamentablemente la institución de la confesión ante un sacerdote en nuestros días, y su sistema de penitencias y sacrificios para obtener el perdón, es un sistema de doctrinas que ha ido evolucionando a través de la historia, al igual que otras prácticas y doctrinas que tal vez partieron de algún concepto bíblico; pero que se han desviado de la palabra de Dios. Así como un avión que se desvía levemente de su curso, termina fracasando al no poder llegar a su destino; así esta desviación es de serias consecuencias. Pequeñas distracciones dan lugar a ¡tremendos fracasos!

¿Cómo se fue introduciendo la confesión en la tradición católica? Veamos esto en la sección siguiente.

IV

El Origen de La Confesión Ante un Sacerdote

Para explicar el origen de la confesión ante un sacerdote, vamos a servirnos de varias referencias útiles que arrojan luz al tema.

1. En la obra católica "Nuevo Catecismo Para Adultos" edición de 1969; en la sección: Evolución Histórica de la Penitencia, páginas 439 a 440, leemos: *"La forma exterior... de la penitencia <u>ha sido muy variada en el curso de la historia</u>.... según las circunstancias de los tiempos y las necesidades de sus fieles... En los primeros siglos... solamente se confesaban tres delitos: apostasía (idolatría), homicidio y adulterio (posteriormente también robo), cuando se habían cometido en público y ocasionando, por tanto, grave escándalo. Los otros pecados se perdonaban por la mutua reconciliación, por la oración, <u>la penitencia privada, buenas obras,</u> etc. Pero el que había cometido públicamente alguno de los tres pecados citados, tenía que confesarlos al obispo, y era declarado oficialmente 'penitente' (i.e.: arrepentido). Tenía que hacer penitencia pública y no podía ser admitido a la comunión. La absolución se impartía el*

jueves santo. Ésta solamente se podía recibir una vez en la vida. Y si alguno recaía, se consideraba esto como una señal de que la primera conversión no había sido 1. sincera... hacia el año 600, bajo la influencia de monjes orientales e irlandeses, se introdujo la costumbre de confesar también los pecados ocultos. La absolución se daba en estos casos inmediatamente después de la confesión; no era pública ni se impartía un día determinado del año..."

Notemos que la referencia católica anterior, muestra que la confesión que observa la iglesia tradicional en la actualidad, no se practicaba en tiempo de los apóstoles. Cuando se introdujo la confesión ante un obispo si se había cometido apostasía, homicidio y adulterio; los demás pecados no requerían confesión ante un obispo. En ese entonces, el camino que se seguía para borrarlos, eran las buenas obras y penitencias personales; algo que va totalmente en contra de la palabra de Dios: Las Escrituras revelan que el sacrificio de Jesús en la cruz es pago suficiente por los pecados del mundo; un sacrificio perfecto, una sola vez para siempre: No se borran con penitencias o buenas obras.

La referencia anterior también indica que si uno había fallado más de una vez; no tenía oportunidad para ser perdonado. Esto es contrario a la palabra de Dios, quien perdona al que se arrepienta de corazón, independiente de cuántas veces haya fallado antes. De hecho, el Señor nos exhortó a perdonar al arrepentido hasta setenta veces siete, es decir tantas veces como sea necesario.

2. Inocente III fue el Papa (Papado del año 1198 al 1216 DC) que en el año 1215 instituyó el mandamiento de la confesión de pecados ante un sacerdote una vez al año. Dado que Inocente III declaró la confesión obligatoria como doctrina oficial de la iglesia, es pertinente investigar su trayectoria espiritual. El libro "Church History in Plain Language" (Historia de la Iglesia en Lenguaje Sencillo) por Bruce Shelly, da información sobre su personalidad, hechos y declaraciones que hizo. A continuación traducimos al español algunas porciones.

- Inocente III anunció que *"El sucesor de Pedro es el vicario* [i.e.: representante, substituto] *de Cristo: Ha sido establecido como mediador entre Dios y el hombre, debajo de Dios pero más allá del hombre; menos que Dios pero más que hombre; quien ha de juzgar a todos y ser juzgado por nadie"*

- *"Le dijo a los príncipes de Europa que el papado era como el Sol, y los reyes como la Luna. Como la luna recibe su luz del Sol, así los reyes derivaban su poder (autoridad) del Papa."*

- *"El arma primordial del Papa para doblegar a los campesinos y príncipes era la amenaza de Excomunión. Él podía pronunciarlos anatemas separándolos de la iglesia, privándolos de la gracia salvadora. Después que un obispo leyera la solemne sentencia de excomunión, tocaba la campana como si fuera para un funeral, se cerraba un libro, y se apagaba una candela; todo simbolizando la expulsión del culpable. Si llegaba a una misa, se le expulsaba o se suspendía la misa... al morirse se le negaba sepultura cristiana"*

- *"La segunda arma en el arsenal papal era la Interdicción (i.e.: suspensión)... si bien la excomunión era dirigida a individuos, la interdicción caía sobre naciones enteras. Consistía en la suspensión de todo servicio público de adoración... en las tierras de reyes desobedientes al Papa... Inocente III aplicó exitosamente o amenazó con imponer la Interdicción 85 veces contra príncipes que no cooperaban con él."*

Declarar al Papa como mediador entre Dios y los hombres es un acto blasfemo, pues es tomarse el puesto que le corresponde sólo a Jesús. En I Timoteo 2:5 leemos que *"hay un solo Dios, y también un solo mediador entre Dios y los hombres, Cristo Jesús hombre."*

Declarar que los reyes reciben su poder y autoridad de parte del Papa es otra declaración que nada tiene que ver con la palabra de Dios. De hecho, Jesús le dijo a Pilato que su autoridad era dada de arriba. Es decir, los gobernantes, creyentes o no, gobiernan <u>porque Dios</u>, quien es todo poderoso, es prácticamente quien les está dando autoridad para gobernar. Lo hace indirectamente, al permitirles gobernar. Dios lo permite dentro de su soberanía y plan que lleva a cabo en las naciones a través de los siglos.

Dios permite, pues, sistemas de gobierno y procesos que ponen reyes y gobernantes; pero en ningún lugar de las Escrituras vemos que Jesús haya investido a su iglesia con la responsabilidad y autoridad para designar a los reyes de las naciones gentiles.

Inocente III usó su poder religioso en el campo secular, no bajo la justificación de las Escrituras. ¿Fue, acaso, impulsado por un celo religioso corrompido? O, ¿por ambición de poder universal?

3. Del libro Ederman's Handbook of the History of Christianity (Manual de la Historia de la Cristiandad, de Ederman) hemos traducido al español, y presentamos a continuación, una porción que muestra el abuso de poder religioso por parte de Inocente III: *"Inglaterra fue puesta bajo Interdicción en el año 1208, de manera que la iglesia rehusó oficiar casamientos, bautizos o sepultura cristiana a la gente. El Rey Juan respondió confiscando terrenos que pertenecían a la iglesia y expulsando a la mayoría de los obispos de Inglaterra. En el año 1209 Inocente excomulgó al rey inglés y en el año 1212 declaró que el trono inglés estaba 'disponible', invitando a Francia para que invadiera Inglaterra"*

Qué distintas las maniobras políticas del Papa Inocente III al ministerio humilde y sacrificado que llevaron a cabo Pedro y los demás apóstoles.

4. El 17 de octubre del 2009 visité la página de Internet www.history.com, donde se hacía referencia al Cuarto Concilio Laterano. A continuación presentamos algunas porciones que hemos traducido al español: *"Cuarto Concilio Laterano: El cuarto concilio se llevó a cabo en 1215 bajo el Papa Inocente III. Siendo el más importante de los concilios lateranos, estuvieron presentes dos patriarcas orientales, representantes de muchos príncipes seculares, y más de 1200 obispos y abades. Dentro de los setenta decretos estaban... por primera vez, una definición de transubstanciación.... un requisito de que todos los miembros de la iglesia occidental se confiese y comulgue por lo menos una vez por año; y gestiones para organizar una nueva Cruzada"*

Las cruzadas representan una etapa oscura de la historia, donde se cometieron muchas injusticias en nombre de Jesucristo.

Continuando nuestra investigación sobre los decretos del Cuarto Concilio Laterano, traducimos al español y presentamos el siguiente, encontrado en 'Christian Classics Ethereal Library' (Librería Etérea de Clásicos Cristianos): *"los judíos están obligados a permanecer encerrados (en sus casas) durante la Semana Santa, y se les excluye de cualquier posición en el gobierno civil."*

Es cierto que en muchos lugares Pablo se encontró con judíos que no sólo rechazaron la fe en Jesús, más también lo persiguieron violentamente; pero ni

Pablo, ni los primeros cristianos persiguieron a los judíos.

En resumen, ni la confesión a un sacerdote, ni el Papa que la instituyó, Inocente III, tienen legitimidad bíblica, yendo en contra de la Palabra y del Espíritu de Dios.

V

Tradiciones Religiosas Latinoamericanas

La mayoría de los que crecimos en países de habla hispana, heredamos de nuestros antepasados una serie de tradiciones religiosas que han venido a ser parte integral de nuestra cultura y manera de vivir. Independiente de su legitimidad o falta de legitimidad bíblica, estas tradiciones se han vuelto un pilar espiritual. Dejar de creer en ellas, y sobre todo en las que han sido declaradas dogma por la iglesia católica, conlleva muchas veces un estigma, rechazo o marginación social; además de la excomunión de la iglesia 'oficial', y la supuesta condenación eterna del alma.

No es de extrañar, pues, que la persona que se atreve a visitar una congregación cristiana que no abraza las tradiciones inculcadas desde su niñez, sienta temor de estar traicionando la fe religiosa de sus antepasados y por ende, a sus antepasados, y a Dios. Es mi deseo que este libro sirva de ayuda a tal persona. Ayuda para considerar, a la luz de las Escrituras, tales tradiciones; y para ver que muchas de ellas no sólo <u>no formaron parte de la fe heredada de los apóstoles</u>, mas también se oponen a las

Escrituras, por lo que no se deben honrar.

Jesucristo mismo reprendió a los judíos que abrazaban tradiciones religiosas a costa de la Palabra de Dios. En el evangelio de Marcos leemos las siguientes palabras de Jesús respecto a ello:

"Los fariseos y los escribas le preguntaron: ¿Por qué tus discípulos no andan conforme a la tradición de los ancianos...?

Y El les dijo: Bien profetizó Isaías de vosotros, hipócritas, como está escrito: "Este pueblo con los labios me honra, pero su corazón está muy lejos de mí. Mas en vano me rinden culto, enseñando como doctrinas preceptos de hombres. Dejando el mandamiento de Dios, os aferráis a la tradición de los hombres.

También les decía: Astutamente violáis el mandamiento de Dios para guardar vuestra tradición." Marcos 7:5-9

Muchas de las tradiciones religiosas heredadas de nuestros antepasados son desaprobadas por Dios. La persona que haga de la palabra de Dios el estándar absoluto de su vida, la norma para evaluar toda práctica religiosa, tarde o temprano abandonará dichas tradiciones.

Judas, el medio hermano de Jesús, y autor de la epístola que lleva el mismo nombre, escribe: *"Amados, por el gran empeño que tenía en escribiros acerca de nuestra común salvación, he sentido la necesidad de escribiros exhortándoos a contender ardientemente por la fe que de una vez para siempre fue entregada a los santos."* Judas 1:3

Judas nos exhorta, pues, a contender apasionadamente por la fe que fue entregada a los santos, de una vez para siempre. Note, y enfatizamos, que esa fe fue entregada a los creyentes de una vez para siempre. Es decir, esa fe, ese cuerpo de doctrinas, no puede evolucionar. Exactamente, no puede ni debe ser adulterada con enseñanzas y tradiciones contrarias a las revelaciones sobrenaturales recibidas y transmitidas por los apóstoles de nuestro Señor Jesucristo, las cuales están plasmadas en el Nuevo Testamento.

Cuando Pablo se despedía de los ancianos de la iglesia en Éfeso, en su paso por Mileto, les advirtió, con gran pasión y preocupación, que de entre ellos mismos se levantarían personas que hablarían cosas 'perversas' para arrastrar discípulos tras ellos. Por cosas 'perversas' Pablo no se refería necesariamente a malas palabras, o inmoralidades obvias; mas a doctrinas que aparentan sabiduría divina; obras que aparentan justicia y prácticas piadosas, pero cuya fuente y fruto son otros.

Leamos las palabras del apóstol Pablo a los líderes de la iglesia, registradas en el libro de Hechos de los Apóstoles:

"Tened cuidado de vosotros y de toda la grey,

en medio de la cual el Espíritu Santo os ha hecho obispos para pastorear la iglesia de Dios, la cual Él compró con su propia sangre.

Sé que después de mi partida, vendrán lobos feroces entre vosotros que no perdonarán el rebaño, y que de entre vosotros mismos se levantarán algunos hablando cosas perversas para arrastrar a los discípulos tras ellos.

Por tanto, estad alerta, recordando que por tres años, de noche y de día, no cesé de amonestar a cada uno con lágrimas.

Ahora os encomiendo a Dios y a la palabra de su gracia, que es poderosa para edificaros y daros la herencia entre todos los santificados." Hechos 20:28-32

El Espíritu Santo nos exhorta, pues, a que tengamos cuidado y seamos fieles a Dios y a su palabra, no poniendo nuestra fe en hombres que introduzcan nuevas y falsas doctrinas, 'cosas perversas'. De esa manera no nos desviaremos del propósito de Dios en nuestras vidas, pues *"aun Satanás se disfraza como ángel de luz."* II Corintios 11:14

Aprovechamos en esta sección a presentar algunas tradiciones religiosas adicionales de la cultura latinoamericana; tradiciones que constituyen doctrinas no enseñadas por los apóstoles de Jesús, ni practicadas por los primeros creyentes. Estas son sólo algunas de las que hay, pero espero sirvan para despertar en el lector un corazón crítico saludable, un celo sano por Dios, que examina todo a la luz de su palabra.

Lo hacemos en obediencia a la exhortación misma de las Escrituras, que en Efesios 5:11 nos da la orden pertinente no sólo de <u>no participar en las obras de las tinieblas, sino mas bien, de desenmascararlas</u>.

Recordemos también el ejemplo de los judíos en Berea, y su celo por la palabra: *"Los hermanos enviaron de noche a Pablo y a Silas a Berea, los cuales, al llegar, fueron a la sinagoga de los judíos. Estos eran más nobles que los de Tesalónica, pues recibieron la palabra con toda solicitud,* <u>*escudriñando diariamente las Escrituras, para ver si estas cosas eran así.*</u>*"* En Hechos 17:10-11

1. Oración por los Muertos
   La práctica de orar por los muertos se introdujo allá por el año 300 DC. La Biblia nos enseña sin embargo, que cuando uno muere, su destino queda sellado: Nada ni nadie puede cambiarlo. En Hebreos 9:27 leemos que *"Está decretado que los hombres mueran una sola vez, y después de esto, el juicio."* Los que se han arrepentido de su camino, y han entregado sus vidas a Jesús, poniendo su fe en Él y obedeciendo su palabra y voluntad, al morir heredan la vida eterna. Los que han rechazado a Jesús, al morir sólo les queda aguardar el juicio venidero, y el castigo eterno, el lago de fuego y azufre. El pasaje de Lucas 16:19-

31, del rico y Lázaro, el pobre; Apocalipsis 20:11-15; Filipenses 1:21-23, II Corintios 5:7-8, y otros concuerdan con este entendimiento doctrinal.

2. Veneración y Uso de Imágenes

Hasta el cuarto siglo se introdujo la veneración y uso de imágenes. La Biblia deja claro que no debemos arrodillarnos ante imágenes, ya sean de santos, ángeles o representaciones de Dios. En Éxodo 20:4 leemos la prohibición: *"No te harás ídolo, ni semejanza alguna de lo que está arriba en el cielo, ni abajo en la tierra, ni en las aguas debajo de la tierra. No los adorarás ni los servirás; porque yo, el SEÑOR tu Dios, soy Dios celoso, que castigo la iniquidad de los padres sobre los hijos hasta la tercera y cuarta generación de los que me aborrecen."*

Dios es el único que debe ser objeto de nuestra fe y adoración. Ninguna imagen es digna representación de Dios; ni tiene poderes milagrosos otorgados por Él a quienes las adoren. Muchos dicen no adorar a las imágenes sino sólo venerarlas; pero al honrarlas encendiendo velas a ellas; arrodillándose ante ellas; colocándolas en sus casas y carros, o colgándolas en sus cuellos esperando algún favor o protección especial al hacerlo; están violando la palabra de Dios.

Cuando el apóstol Juan se arrodilló ante el ángel en la isla de Patmos, éste se lo impidió diciéndole: *"No hagas eso; yo soy consiervo tuyo, y de tus hermanos los profetas, y de los que guardan las palabras de este libro. Adora a Dios."* Apocalipsis 22:9

3. Doctrina del Purgatorio
   La Biblia no habla del purgatorio en ningún lugar. Fue hasta el sexto siglo que esta doctrina fue reconocida oficialmente por el Papa Gregorio I. Si al morir uno todavía tiene que purgar por sus pecados para poder entrar al cielo, entonces el sacrificio de Jesús no es pago suficiente por sus pecados. Abrazar esa doctrina es una blasfemia contra la obra redentora de Jesús en la cruz.

   La Biblia nos enseña que Jesús pagó por todos nuestros pecados, pasados, presentes y futuros. Su sacrificio es perfecto y completo, por lo que ya no es necesario una ofrenda, penitencia o sufrimiento para aplacar la ira de Dios: ¡Ya fue aplacada en la cruz! La deuda quedó completamente pagada; el perdón es completo, ya no se necesita ofrenda adicional por el pecado.

   "Por esta voluntad hemos sido santificados mediante la ofrenda del cuerpo de Jesucristo una vez para siempre. Y nunca más me acordaré de sus pecados e iniquidades. Ahora bien, donde hay perdón de estas cosas, ya no hay ofrenda por el pecado." Hebreos 10:10, 17-18

4. Oración a María y a Santos Muertos
Cuando los apóstoles le pidieron a Jesús que les enseñara a orar, les enseñó a clamar directamente al Padre Celestial, no a otra persona. En el evangelio de Mateo leemos la instrucción de Jesús: *"Vosotros, pues, <u>orad de esta manera:</u> "<u>Padre nuestro</u> que estás en los cielos, santificado sea tu nombre."* Mateo 6:9

En Juan 15:18 el Hijo de Dios promete, a sus discípulos, que las peticiones que le hagamos al Padre en su nombre serán concedidas: *"Vosotros no me escogisteis a mí, sino que yo os escogí a vosotros, y os designé para que vayáis y deis fruto, y que vuestro fruto permanezca; <u>para que todo lo que pidáis al Padre en mi nombre</u> os lo conceda."*

En Juan 15:7 leemos *"Si permanecéis en mí, y mis palabras permanecen en vosotros, pedid lo que queráis y os será hecho."*

El Padre no negará, pues, la petición de sus hijos, en quienes la palabra de Dios mora. Es decir, el Padre no negará las súplicas de quienes caminan en la luz de su palabra, buscando su voluntad de corazón, y obedeciéndola por el poder del Espíritu Santo. De hecho, sólo quienes son guiados por el Espíritu de Dios son verdaderos hijos de Dios, y sabrán pedir no de acuerdo a sus caprichos carnales, más de acuerdo a la voluntad del Padre. *"Porque todos los que son guiados por el Espíritu de Dios, los tales son hijos de Dios."* Romanos 8:14

¡A pedir pues a Dios! ¡A nadie más! Su promesa es cierta y verdadera, y repetida en varios lugares de las Escrituras. En Juan 16:23 Jesús dice: *"En verdad, en verdad os digo: si pedís algo al Padre, os lo dará en mi nombre."*

Algunos piensan que no está de más aprovechar toda posibilidad, y acudir además de a Dios, también a María y a los santos que ya murieron, para tener más apoyo. Pero, sólo Dios está en todas partes. Orarle a una persona que ha muerto, es en vano, pues no puede oírle. Además sólo hay un mediador entre Dios y los hombres, Jesucristo. A Dios pues debemos venir a través de Jesús. La práctica de orar a María y otras personas muertas le roba la gloria a Jesús, quien es poderoso y efectivo Salvador para todo aquel que acude a Él.

Dios advirtió seriamente por medio de su vocero, el profeta Isaías, en contra de comunicarse con personas que ya murieron. En Isaías 8:19 al 22 leemos:

> *"¿No debe un pueblo consultar a su Dios? ¿Acaso consultará a los muertos por los vivos?*
>
> *¡A la ley y al testimonio! Si no hablan conforme a esta palabra, es porque no hay para ellos amanecer. Y pasarán por la tierra oprimidos y hambrientos; y sucederá que cuando tengan hambre, se*

enojarán y maldecirán a su rey y a su Dios, volviendo el rostro hacia arriba.

Después mirarán hacia la tierra, y he aquí, tribulación y tinieblas, lobreguez y angustia, y serán lanzados a la oscuridad."

5. Celibato Religioso

El Papa Gregorio VII, llamado Hildebrando, introdujo este requisito en el siglo once. Anteriormente, los apóstoles no observaban tal norma. Ellos tenían cada uno su esposa; y Jesús nunca demandó que fueran célibes. Pablo mismo en su primera carta a Timoteo escribió:

"Pero el Espíritu dice claramente que en los últimos tiempos algunos apostatarán de la fe, <u>prestando atención a espíritus engañadores y a doctrinas de demonios</u>, mediante la hipocresía de mentirosos que tienen cauterizada la conciencia; <u>prohibiendo casarse</u> y mandando abstenerse de alimentos que Dios ha creado para que con acción de gracias participen de ellos los creyentes y los que han conocido la verdad. Porque todo lo creado por Dios es bueno y nada se debe rechazar si se recibe con acción de gracias; porque es santificado mediante la palabra de Dios y la oración." I Tim 4:1-5

Es increíble que ante la luz clara de la palabra de Dios, haya una ordenanza tan dañina como la imposición del celibato. Es cierto que hay personas que reciben un don especial de Dios para permanecer célibes, sin casarse, y así poder dedicarse más llenamente al servicio del Señor. Pero ése no es un don general. Imponer tal demanda a todo siervo y sierva de Dios trae resultados catastróficos; entre ellos el abuso sexual de inocentes e indefensos niños por parte de aquellos que han sido presionados a adoptar el voto del celibato.

6. La Transustanciación

La doctrina de la transustanciación fue proclamada por el Papa Inocente III en el siglo XIII. Según dicha doctrina, el pan usado en la celebración de la Santa Cena se convierte literalmente en el cuerpo de nuestro Señor Jesús; y la copa de vino, en su sangre.

Es cierto que la Escritura dice que *"Mientras comían, Jesús tomó pan, y habiéndolo bendecido, lo partió, y dándoselo a los discípulos, dijo: Tomad, comed; esto es mi cuerpo. Y tomando una copa, y habiendo dado gracias, se la dio, diciendo: Bebed todos de ella; porque esto es mi sangre del nuevo pacto, que es derramada por muchos para el perdón de los pecados."* Mateo 26:26-28 Pero recordemos que Jesús también dijo *"Yo soy el pan de la vida. Vuestros padres comieron el maná en el desierto, y murieron. Este es el pan que desciende del cielo, para que el que coma de él, no muera."* Juan 6:48-50. Y eso no quiere decir que Jesús sea, literalmente, un pedazo de pan.

Las palabras que Jesús dijo en la última cena no significan literalmente que el pan sea, o se convierta, en su carne. El Señor mismo dice en Juan 6:63 *"El Espíritu es el que da vida; <u>la carne para nada aprovecha</u>; las palabras que yo os he hablado son espíritu y son vida."*

Reflexione un poco: Cuando usted toma la Santa Cena, el pan sigue teniendo la consistencia y el sabor a pan. Y el jugo de la vid, sigue teniendo las características físicas del jugo de la vid. Si el pan y el vino se convirtieran en la carne y la sangre de Jesús, estos elementos experimentarían un cambio físico que podríamos detectar fácilmente. Pero no ocurre así. Si bien Jesús está enseñando realidades profundas, se sirve de simbolismos para causar mayor impacto en su ilustración y palabras.

¿Qué está enseñando Jesús entonces al usar dichos símbolos? El pan en la Santa Cena no se convierte literalmente en su cuerpo, pero sí representa su cuerpo. Y así como el ser humano necesita que se le dé pan, alimento, para vivir; así Jesús dio su cuerpo, su carne, su vida en la cruz, por nosotros, para que tengamos vida eterna. Es en ese sentido que el pan representa el cuerpo de

Jesús: Ambos dan vida, uno, físicamente; el otro, vida eterna.

En la comunión, al aceptar el sacrificio que hizo Jesús en la cruz y lo que ello significa, comemos simbólicamente su carne, y bebemos su sangre.

En cuanto a la declaración de Jesús de que Él es el pan de vida, esto significa también que nuestro espíritu necesita alimentarse de su palabra; es decir, leerla y aceptarla de corazón, para tener vida; para ser fortalecido y poder vencer al mundo, la carne y al diablo; porque tal como leemos en Juan 6:63 la palabra de Dios es espíritu y vida.

Entendamos que las palabras deben entenderse dentro del contexto en que son usadas, y no siempre se pueden o deben tomar literalmente; de la misma manera que no podemos tomar literalmente las palabras de Jesús cuando dice: *"Yo soy el camino, y la verdad, y la vida; nadie viene al Padre sino por mí."* Juan 14:6. Con ello Jesús no está diciendo ser un camino de polvo, una calle empedrada o una avenida pavimentada. Cuando la Biblia dice que Jesús es *"el cordero de Dios que quita el pecado del mundo"* tampoco está diciendo que el Señor es literalmente un cordero de cuatro patas, cubierto de lana.

¿Qué representa la copa en la Santa Cena? Representa un nuevo pacto entre Dios y los hombres, un pacto basado no en la ley de Moisés, sino en el sacrificio de Jesús en la cruz. Al entrar en ese pacto estamos rindiendo nuestras vidas a Dios, para hacer su voluntad. Ahora le pertenecemos a Él. El jugo de la vid representa la sangre de Jesús, la sangre del pacto. Dios pagó con su sangre, nosotros le cedemos nuestras vidas. A parte de la sangre de Jesús no hubiera podido haber pacto de salvación.

El memorial de la Santa Cena es, pues, un memorial solemne y precioso, instituido por Jesús y lleno de significado; <u>pero debe entenderse correctamente</u>. Con este memorial aprovechamos a recordar y proclamar el sacrificio de Jesús en la cruz; su amor y precio que pagó por nuestra libertad y salvación; y a recordar que ahora le pertenecemos.

Éste es un recordatorio que nos ayuda a honrar frecuentemente a Jesús por lo que hizo. Nos ayuda a perseverar en la fe, esperando en Él, sabiendo que venció el pecado y la muerte resucitando, y subiendo a la diestra de Dios Padre; abriendo el camino al cielo, para nosotros los creyentes.

Pero si algo <u>no es</u> la Santa Cena, <u>no es un sacrificio</u> en el sentido de que Cristo vuelva a ser sacrificado cada vez que se observa; y que el pan y el vino se conviertan literalmente en su cuerpo y sangre.

7. <u>Autoridad de la Tradición Religiosa</u>
En el año 1545 la tradición religiosa fue declarada

de igual autoridad que la Biblia por el Concilio de Trento. Como resultado de dicha resolución, doctrinas y preceptos nuevos se han introducido en la iglesia católica, siendo elevados al mismo nivel de autoridad de las Escrituras, y en la práctica, muchas de ellas poniéndose por encima de la Biblia. Sí, por encima de la Biblia, pues muchas de esas normas y tradiciones la contradicen.

Nuestro Señor Jesús aclaró, sin embargo que la Palabra de Dios está por encima de las tradiciones de los hombres:

> *"Se acercaron a Jesús algunos escribas y fariseos de Jerusalén, diciendo: ¿Por qué tus discípulos quebrantan la tradición de los ancianos? Pues no se lavan las manos cuando comen pan.*
>
> *Y respondiendo Él, les dijo: ¿Por qué también vosotros quebrantáis el mandamiento de Dios a causa de vuestra tradición?"* Mateo 15:1-3

Si una tradición viola la palabra de Dios, no tenga miedo de descartarla. Más bien, tema el no honrar la palabra de Dios. *"Todo esto lo hizo mi mano, y así todas estas cosas llegaron a ser- declara el SEÑOR. Pero <u>a éste miraré: al que es humilde y contrito de espíritu, y que tiembla ante mi palabra.</u>"* Isaías 66:2

8. La Inmaculada Concepción y la Virginidad Permanente de María

El Papa Pío IX decretó en 1854, como dogma de fe católica, que María había nacido sin pecado original. Esto elevó a María muy por encima de todos los hombres, y proveyó la base para llegar a calificarla de 'purísima', nacida sin una naturaleza pecadora, y que nunca pecó; merecedora de nuestra devoción y dedicación. Dentro de la tradición religiosa se incluye además la creencia de que María se mantuvo virgen hasta su muerte.

Este movimiento mariano ha continuado evolucionando, al punto que el Papa Pablo VI proclamó a María 'Madre de la Iglesia' en el año de 1965; y el Papa Juan Pablo II buscó elevarla a la posición de Co-redentora con Cristo.

Bueno, la Biblia en ningún lugar menciona nada de eso. No, no estamos quitando mérito al carácter y persona de María. Ella fue, sin lugar a duda, una mujer muy piadosa y devota de Dios. María fue una joven humilde de espíritu, dedicada en su fe, conocedora de las Escrituras, que esperaba la promesa de Dios, la promesa del Salvador prometido a Israel. Pero elevar a María a una posición no dada por las Escrituras es un grave error, que ha resultado en idolatría, en este caso, 'mariolatría'. Veamos algunos pasajes de las Escrituras que arrojan luz al asunto.

- La Biblia nos enseña que el pecado entró al

mundo por medio de Adán; haciéndonos pecadores por naturaleza a todos. En otras palabras, el pecado en Edén fue como un virus contagioso. Todos los que nacemos de la descendencia de Adán nacemos infectados. Podríamos decir que, el pecado heredado de Adán es como un defecto genético espiritual. Todos heredamos la naturaleza corrupta que nuestro padre Adán obtuvo al pecar en Edén. En la epístola de Pablo a los romanos leemos:

*"El pecado entró en el mundo por un hombre, y la muerte por el pecado, así también la muerte se extendió a **todos** los hombres, porque **todos** pecaron [es decir, en Adán];*

...si por la transgresión de uno, por éste reinó la muerte, mucho más reinarán en vida por medio de uno, Jesucristo, los que reciben la abundancia de la gracia y del don de la justicia.*

*Así pues, tal como por una transgresión resultó la condenación de **todos** los hombres, así también por un acto de justicia resultó la justificación de vida para todos los hombres.**

*Porque así como por la desobediencia de un hombre **los muchos fueron constituidos pecadores**, así también por la obediencia de uno los muchos serán* *constituidos justos."* * Romanos 5:12-19

*Los que reciben a Jesucristo en sus vidas

Sabemos que María murió. Ella no murió por la humanidad, ella murió entonces por su pecado. Claro, el sacrificio de Jesús en la cruz proveyó el pago suficiente para que recibiera el perdón y la justicia divina basada en la fe, no en sus obras o justicia personal. Es por esa razón que Jesús mismo fue su Salvador.

- En Mateo 1:18-25 leemos que Dios envió un ángel para hacerle saber a José que María estaba encinta no por fornicación, sino porque en su vientre llevaba el fruto del Espíritu Santo. El ángel le dijo que debía tomar a María por mujer; y que el hijo que nacería lo debía llamar 'Jesús', porque salvaría a su pueblo de sus pecados.

José hizo de acuerdo a la revelación e instrucción del ángel de Dios: *"... y tomó consigo a su mujer; y la conservó virgen <u>hasta que</u> dio a luz un hijo; y le puso por nombre Jesús."* Mateo 1:24-25.

Vemos que José la conservó virgen <u>hasta que</u> dio a luz a Jesús. Eso indica que una vez María dio a luz, José cumplió su papel íntimo de esposo; y de hecho le dio varios hijos a María; quienes fueron medio-hermanos de Jesús.

En Mateo leemos los nombres de los hermanos de Jesús. Veamos: *"Sucedió que...Jesús... llegando a su pueblo, les enseñaba en su sinagoga, de tal manera que se maravillaban, y decían: ¿Dónde obtuvo éste esta sabiduría y estos poderes milagrosos? ¿No es éste el hijo del carpintero? ¿No se llama su madre María, y sus hermanos Jacobo, José, Simón y Judas? ¿No están todas sus hermanas con nosotros?..."* Mateo 13:53-56

Notemos que los hermanos de Jesús se llamaban Jacobo, José, Simón y Judas. No, ellos no eran primos o parientes cercanos de Jesús, ellos eran más que eso, eran hermanos de Jesús. En el evangelio de Mateo tenemos la genealogía de Jesús por parte de José. En Mateo 1:16 leemos: *"Jacob engendró a José, el marido de María, de la cual nació Jesús, llamado el Cristo."*

José puso, pues, al primer hijo después de Jesús, el nombre de su padre, Jacobo. Y al segundo le dio su propio nombre, José. Esta es una práctica común en Medio Oriente. Mi padre nació en Belén, en la Tierra Santa; y a su primer hijo le puso el nombre de su padre, el de mi abuelo. Entiendo fácilmente, pues, cómo la genealogía de Jesús por medio de José, y el pasaje de Mateo 13:53-56, proveen una pista adicional para confirmar que los hermanos de Jesús fueron exactamente eso, hermanos en la carne por lado de María su madre. Y más precisamente diríamos que eran medio hermanos, pues el padre biológico de Jesús no fue José, sino Dios mismo que lo engendró por medio del Espíritu Santo en el vientre de María.

- Llegar a ver a María como Co-redentora del mundo es una blasfemia contra Jesús. Considere las Escrituras siguientes:

"Dará a luz un hijo, y le pondrás por nombre Jesús, porque <u>Él salvará a su pueblo de sus pecados.</u>" Mateo 1:21

"Nuestro gran Dios y Salvador Cristo Jesús... <u>se dio a sí mismo por nosotros, para redimirnos de toda iniquidad</u> y purificar para sí un pueblo para posesión suya, celoso de buenas obras." Tito 2:13-14

Sólo Jesús murió en la cruz por los pecados de la humanidad, sólo Él puede salvar, sólo Él pudo redimir. Nadie puede compartir esa gloria con Él. En Apocalipsis 5:12-14 leemos:

"El Cordero que fue inmolado digno es de recibir el poder, las riquezas, la sabiduría, la fortaleza, el honor, la gloria y la alabanza.

*Y a toda cosa creada que está en el cielo, sobre la tierra, debajo de la tierra y en el mar, y a todas las cosas que en ellos hay, oí decir: <u>**Al que está sentado en el trono, y al Cordero,**</u>*

sea la alabanza, la honra, la gloria y el dominio por los siglos de los siglos.

Los cuatro seres vivientes decían: Amén. Y los ancianos se postraron y adoraron."

Dios y el Cordero reciben la gloria, no la comparten con María.

9. Infalibilidad del Papa
El Concilio Vaticano declaró en 1870 que el Papa es infalible, es decir, que no se puede equivocar cuando hace declaraciones formales sobre asuntos de fe. Pero, ¿qué cuando los dogmas y ordenanzas contradicen claramente la Palabra de Dios? Dios no se contradice a sí mismo. O las Escrituras o el Papa están equivocados. Las Escrituras fueron selladas con el último libro de la Biblia, el Apocalipsis; y de acuerdo a ellas, no le podemos quitar ni añadir más.

"Yo testifico a todos los que oyen las palabras de la profecía de este libro: Si alguno añade a ellas, Dios traerá sobre él las plagas que están escritas en este libro;

y si alguno quita de las palabras del libro de esta profecía, Dios quitará su parte del árbol de la vida y de la ciudad santa descritos en este libro." Apocalipsis 22:18

Satanás ha engañado, sigue engañando, y seguirá engañando a las personas; envolviéndolas en ignorancia y oscuridad, para que no conozcan el poder de la palabra de Dios; para que no la comprendan; para que no la usen.

Una de las estrategias de Satanás es calumniar la integridad y perfección de las Escrituras. Pero no se deje engañar por las sutilezas del diablo: La palabra de Dios es sin error, confiable y poderosa. En el Salmo 119, versículos 105, 140 y 160 leemos:

"Lámpara es a mis pies tu palabra, y luz para mi camino... Es muy pura tu palabra, y tu siervo la ama... La suma de tu palabra es verdad, y cada una de tus justas ordenanzas es eterna."

Leía hace algún tiempo un libro cuyo escritor desarrollaba el tema de la inspiración de las Escrituras. Él hablaba de dos posiciones, ambas supuestamente dignas de mención y de aceptación: Una posición era que Dios inspiró el mensaje en los escritores, pero que ellos lo expresaron en sus propias palabras. En esta posición el mensaje, no las palabras, es el inspirado por Dios. La otra posición es que Dios dictó mecánicamente las palabras a los escritores, quienes simplemente fueron escribas. El autor deja abierta en su libro las dos posibilidades. Pero realmente una de esas posiciones es muy equivocada y peligrosa.

El contemplar la posibilidad de que las palabras no son inspiradas, sino sólo el mensaje, es equivalente a aceptar que las palabras de la Biblia están contaminadas por error humano. El lector tendría que juzgar qué es inspirado, qué no tiene error, y qué pueda tener error. El lector se estaría poniendo por encima de la Biblia, juzgando su contenido.

En Jeremías 1:9 Dios le dice al profeta: *"He aquí, he puesto mis palabras en tu boca."*

En Proverbios 30:5-6 Dios dice *"Probada es toda palabra de Dios... No añadas a sus palabras no sea que te reprenda y seas hallado mentiroso."*

Jesús mismo dijo en Mat 24:35 *"El cielo y al tierra pasarán, mas mis palabras no pasarán"*

En Mateo 5:18 dice *"En verdad os digo que hasta que pasen el cielo y la tierra, no se perderá ni la letra más pequeña ni una tilde de la ley hasta que toda se cumpla"*

Pablo escribió: *"Toda Escritura es inspirada por Dios y útil para enseñar, para reprender, para corregir, para instruir en justicia, a fin de que el hombre de Dios sea perfecto, equipado para toda buena obra."* II Timoteo 3:16-17

Hay muchos textos más que podemos citar para defender la inspiración de cada palabra de la Biblia en sus manuscritos originales. Claro que Dios usó palabras usadas en la cultura y lenguaje de los escritores; y aun sus propias personalidades; pero fue el Espíritu Santo quien inspiró cada palabra.

VI

Apariciones y Otras Señales Milagrosas

La comunidad latinoamericana se aferra tenazmente a las enseñanzas y tradiciones religiosas de sus padres, en parte por no comprender que dicha fe ha experimentado una evolución gradual que se aleja, drásticamente, de las enseñanzas entregadas a la iglesia por los apóstoles de Jesucristo.

Adicionalmente, muchas de las enseñanzas y prácticas que se han infiltrado en la religión tradicional, se justifican y defienden con las apariciones milagrosas y eventos sobrenaturales que dan testimonio de su supuesta legitimidad y aprobación por parte de Dios. Pero debemos ser astutos, y no dejarnos engañar, pues como dicen las Escrituras *"no es de extrañar, pues aun Satanás se disfraza como ángel de luz."* II Corintios 11:14

Como ya vimos anteriormente, las Escrituras mismas nos exhortan a permanecer fieles a las verdades y enseñanzas de los apóstoles. Pablo instó a Timoteo, en varias ocasiones, a guardar la fe que le fue entregada; es decir, a retenerla tal como fue recibida, a preservarla intacta:

"Oh Timoteo, guarda lo que se te ha encomendado, y evita las palabrerías vacías y profanas, y las objeciones de lo que falsamente se llama ciencia," I Timoteo 6:20

Guarda lo que se te ha encomendado dice Pablo; evita palabrerías vacías, carentes de solidez bíblica; no pierdas el tiempo con objeciones levantadas por una ciencia falsa; evita conocimientos engendrados por una luz nueva y distinta. Pablo en su segunda carta vuelve a decir:

"Retén la norma de las palabras sanas que has oído de mí, en la fe y el amor en Cristo Jesús. Guarda, mediante el Espíritu Santo que habita en nosotros, el tesoro que te ha sido encomendado." II Timoteo 2:13-14

Es decir, retén la palabra de Dios que se te ha trasmitido, tal como se te ha trasmitido, tal como la habéis recibido de mí; guarda ese tesoro precioso de la buena enseñanza de la palabra de Dios; no le añadas, no le quites, no la adulteres, no la distorsiones, ¡atesórala!

En la segunda epístola de Pablo a los Tesalonicenses, leemos la advertencia de Pablo sobre los poderes milagrosos que se manifestarán en los últimos días; engañando a quienes pongan su fe en ellos, y no en la verdad de las Escrituras. Advirtiéndonos del anticristo en los últimos días, el apóstol escribe:

"El misterio de la iniquidad ya está en acción, sólo que aquel que por ahora lo detiene, lo hará

hasta que él mismo sea quitado de en medio. Y entonces será revelado ese inicuo...

Cuya venida es <u>conforme a la actividad de Satanás, con todo poder y señales y prodigios mentirosos,</u> y con todo engaño de iniquidad para los que se pierden, porque no recibieron el amor de la verdad para ser salvos.

Por esto <u>Dios les enviará un poder engañoso, para que crean en la mentira, a fin de que sean juzgados todos los que no creyeron en la verdad</u> sino que se complacieron en la iniquidad."

II Tesalonicenses 2:7-12

Las fuerzas del mal y el espíritu del anticristo, son un misterio, es decir, obran secreta y encubiertamente; aunque ya están en acción, llevando a cabo su plan macabro, destructor y engañador con poder y señales sobrenaturales.

En medio de la confusión y el engaño existente en el mundo, la iglesia viva de Cristo está llamada a ser luz, tal como lo indican las Escrituras en Mateo 5:14-16; a proclamar las virtudes de Dios, tal como Pedro lo enseña en I Pedro 2:9-10; a contender por la fe, tal como nos exhorta Judas al principio de su epístola.

La iglesia es templo e instrumento del Espíritu Santo, para revelar a Jesús. Cuando ella sea arrebatada para reunirse con Jesucristo en las nubes, el mundo se quedará en oscuridad espiritual. Entonces, el anticristo será revelado. Su venida será acompañada de milagros, señales y prodigios; que ya se han empezado a dar. Estos prodigios y milagros alimentan doctrinas que tienen apariencia de verdad, pero que niegan a Jesucristo. Muchos son, y muchos serán, los engañados por poner su fe en ellos.

No me malinterprete. Yo no digo que todo milagro venga del diablo. No, yo sé que Dios hace milagros hoy en día. Los milagros son parte de la vida del cristiano. La vida de nosotros los creyentes es sobrenatural, llena de la presencia del Espíritu Santo, de su poder y obrar sobrenatural en nosotros y a través de nosotros. Pero, milagros que contradicen las Escrituras no vienen de Dios. Y además, nuestro enfoque no deben ser los milagros, sino Cristo y su palabra. Pablo escribió:

"Porque en verdad los judíos piden señales y los griegos buscan sabiduría;

pero nosotros predicamos a Cristo crucificado, piedra de tropiezo para los judíos, y necedad para los gentiles;

mas para los llamados, tanto judíos como griegos, Cristo es poder de Dios y sabiduría de Dios." I Corintios 1:22-24

A Timoteo, Pablo le exhortó seriamente a enseñar y a predicar la palabra de Dios, pues ella es el fundamento y la luz que debe guiar nuestra vida; no sueños, visiones y doctrinas nuevas que tal vez están respaldados por milagros, pero que se apartan de las Escrituras:

"Te encargo solemnemente, en la presencia de Dios y de Cristo Jesús, que ha de juzgar a los vivos y a los muertos, por su manifestación y por su reino: <u>Predica la palabra</u>; insiste a tiempo y fuera de tiempo; redarguye, reprende, exhorta con mucha paciencia e instrucción.

Porque <u>vendrá tiempo cuando no soportarán la sana doctrina</u>, sino que teniendo comezón de oídos, acumularán para sí maestros conforme a sus propios deseos; y <u>apartarán sus oídos de la verdad, y se volverán a mitos.</u>"

Pablo profetizó que vendría el tiempo cuando las personas no abrazarían la sana doctrina, ni siquiera la soportarían o tolerarían; mas correrían tras maestros y doctrinas que satisfacen sus propios deseos. Apartándose de la verdad se volverían a fábulas, mitos, y visiones. Esas palabras proféticas de Pablo ya se están cumpliendo en nuestros días.

Millones son los engañados por supuestas apariciones de María, o de imágenes de Jesús y María en la comida, el suelo, u otro lugar u objeto. Muchos son los que corren tras el último fenómeno milagroso. No seamos ingenuos. No necesitamos ser cautivados por cada aparición o visión. Tenemos la Roca fundamental en la cual estar anclados: Cristo y su Palabra.

"Nadie os defraude de vuestro premio deleitándose en la humillación de sí mismo y en la adoración de los ángeles, <u>basándose en las visiones que ha visto, hinchado sin causa por su mente carnal.</u>" Colosenses 2:18

VII

LA IGLESIA DE CRISTO

La iglesia de Cristo es una sola.

"Hay un solo cuerpo y un solo Espíritu, así como también vosotros fuisteis llamados en una misma esperanza de vuestra vocación;

Un solo Señor, una sola fe, un solo bautismo,

Un solo Dios y Padre de todos, que está sobre todos, por todos y en todos." Efesios 4:4-6

La iglesia es llamada el cuerpo de Cristo en la Biblia. Así como los brazos, piernas, manos, orejas, ojos, y otras partes integran el cuerpo humano, así los creyentes formamos parte de un cuerpo, el cuerpo de Cristo. Somos sus miembros; Cristo, la cabeza.

Por supuesto que dentro de ese cuerpo universal, hay grupos geográficos locales, grupos de creyentes que se congregan para estudiar la palabra de Dios y alabarle con instrumentos musicales; para orar, para compartir las cargas unos con otros, y para la comunión fraternal; pero todos somos parte de un mismo cuerpo, siervos de un mismo Señor, compartiendo la misma fe.

Toda persona que ha recibido a Jesucristo como Señor y Salvador; poniendo su fe exclusivamente en Él; reconociendo la Palabra de Dios como estándar y guía de su vida; caminando en la luz de Dios, no en pecado; es parte del cuerpo de Cristo.

Si bien el cuerpo es uno, dentro de ese cuerpo se han ido formado varios grupos a lo largo de la historia, los cuales conocemos como denominaciones. Así tenemos a los Presbiterianos, a los Metodistas, a los Bautistas, a las Asambleas de Dios, a los Nazarenos, y otros más. Si bien hay diferencias doctrinales entre los distintos grupos cristianos, todos ellos tienen la misma Biblia, reconociendo sus sesenta y seis libros como inspirados por Dios y sin error; y comparten doctrinas fundamentales como la salvación por la fe en Jesús, no por obras; la deidad de Jesús; creen en un solo Dios que existe en tres personas distintas; y creen en un cielo y un infierno literal, entre otras cosas.

Es importante entender que la iglesia de Cristo no está limitada por una denominación, ni es posesión exclusiva de ningún grupo en particular. Miembros de distintas denominaciones integran la iglesia de Cristo. Y nadie es miembro del cuerpo de Cristo automáticamente por pertenecer a una denominación.

En el evangelio de Lucas tenemos un incidente muy

importante en este tema:

"Juan, dijo: Maestro, vimos a uno echando fuera demonios en tu nombre, y tratamos de impedírselo, porque no anda con nosotros. Pero Jesús le dijo: No se lo impidáis; porque el que no está contra vosotros, está con vosotros." Lucas 9:49-50

Pablo escribió:

"Porque así como el cuerpo es uno, y tiene muchos miembros, pero todos los miembros del cuerpo, aunque son muchos, constituyen un solo cuerpo, así también es Cristo. Pues por un mismo Espíritu todos fuimos bautizados en un solo cuerpo, ya judíos o griegos, ya esclavos o libres, y a todos se nos dio a beber del mismo Espíritu.

Porque el cuerpo no es un solo miembro, sino muchos. Si el pie dijera: Porque no soy mano, no soy parte del cuerpo, no por eso deja de ser parte del cuerpo. Y si el oído dijera: Porque no soy ojo, no soy parte del cuerpo, no por eso deja de ser parte del cuerpo.

Si todo el cuerpo fuera ojo, ¿qué sería del oído? Si todo fuera oído, ¿qué sería del olfato?

Ahora bien, Dios ha colocado a cada uno de los miembros en el cuerpo, según le agradó.

Y si todos fueran un solo miembro, ¿qué sería

del cuerpo?

Sin embargo, hay muchos miembros, pero un solo cuerpo.

Y el ojo no puede decir a la mano: No te necesito; ni tampoco la cabeza a los pies: No os necesito. Por el contrario, la verdad es que los miembros del cuerpo que parecen ser los más débiles, son los más necesarios; y las partes del cuerpo que estimamos menos honrosas, a éstas las vestimos con más honra; de manera que las partes que consideramos más íntimas, reciben un trato más honroso, ya que nuestras partes honestas no lo necesitan. Mas así formó Dios el cuerpo, dando mayor honra a la parte que carecía de ella, a fin de que en el cuerpo no haya división, sino que los miembros tengan el mismo cuidado unos por otros.

Y si un miembro sufre, todos los miembros sufren con él; y si un miembro es honrado, todos los miembros se regocijan con él.

Ahora bien, vosotros sois el cuerpo de Cristo, y cada uno individualmente un miembro de él."

I Corintios 12:12-27

En el libro de Hechos de los Apóstoles leemos lo que caracterizaba a la iglesia que nació en Pentecostés. En Hechos 2:42 leemos que los creyentes *"se dedicaban continuamente a las enseñanzas de los apóstoles, a la comunión, al partimiento del pan y a la oración."*

La fórmula de los creyentes era sencilla. Su énfasis no era en edificios suntuosos, programas de crecimiento, o actividades sociales para entretener a sus miembros. Los discípulos se reunían para estudiar las enseñanzas de los apóstoles, las cuales ahora tenemos plasmadas en la Biblia, el Antiguo y el Nuevo Testamento.

También notemos que se dedicaban a la comunión, es decir, al compañerismo fraternal, para conocerse, animarse y ayudarse unos a otros; para el amor fraternal y la edificación mutua.

También conmemoraban frecuentemente la Santa Cena, el memorial que Jesús instituyó en la última cena que compartió con sus apóstoles antes de ir a la cruz.

Y finalmente, se dedicaban a la oración. El pueblo de Dios era un pueblo de oración.

En Hechos 2:46-47 leemos que *"Día tras día continuaban unánimes en el templo y partiendo el pan en los hogares, comían juntos con alegría y sencillez de corazón, alabando a Dios y hallando favor con todo el pueblo. Y <u>el Señor añadía cada día al número de ellos los que iban siendo salvos</u>."*

Vemos que el crecimiento de la iglesia no era resultado de estrategias de mercadeo, u otro tipo de metodología humana. Dios era quien añadía en la medida que los discípulos se dedicaban a lo que importa a Dios.

Si bien la iglesia está formada por miembros de distintas denominaciones cristianas, es importante reconocer que no todo grupo que se llama cristiano lo es. Por ejemplo, la secta de los Testigos de Jehová niega al mismo Jesús como Dios nuestro; considera al Espíritu Santo como una fuerza no una persona; y tiene muchas otras desviaciones doctrinales fundamentales serias, que se apartan de la palabra de Dios.

Los mormones tienen "otro evangelio de Jesucristo". Ellos erran gravemente, pues el mismo apóstol Pablo escribió en su carta a los gálatas: *"Si aun nosotros, o un ángel del cielo, os anunciara* otro evangelio *contrario al que os hemos anunciado, sea anatema."* Gálatas 1:8. Sus doctrinas están llenas de herejías, incluyendo la enseñanza de que sus miembros llegarán a ser dioses.

Aparte de las sectas que se apartan fundamentalmente de la fe de los apóstoles, es importante aceptar fraternalmente a nuestros hermanos en Cristo, independiente de la denominación cristiana a la que pertenecen.

Ahora bien, vivimos en días en que dentro de las denominaciones protestantes y evangélicas están ocurriendo grandes crisis, desviaciones, excesos y abusos ante los cuales no podemos ni debemos taparnos los ojos. Algunos que abrazaban las doctrinas fundamentales de la fe cristiana están dejando de creer que las Escrituras son sin error; otros están permitiendo y casando parejas homosexuales en sus congregaciones; y están hasta ordenando para el ministerio a pastoras lesbianas que conviven abiertamente con su pareja. La Biblia predice esta apostasía en los últimos días.

Vivimos ciertamente en tiempos peligrosos, tal como lo profetizó Pablo: *"Debes saber esto: que en los últimos días vendrán tiempos difíciles"* II Timoteo 3:1 No podemos, pues, ser ciegos o ignorantes de lo que está pasando. Debemos estar vigilantes, velando y manteniendo un celo saludable por la verdad. Las denominaciones no son las que permanecerán, sino Cristo y su Palabra. Las puertas del Hades podrán prevalecer contra una denominación; pero no contra la iglesia viva de Cristo, aquella formada por creyentes fieles a Él y su palabra, no a estructuras eclesiásticas aberrantes.

Ya que empezamos; creo necesario continuar dando la voz de alarma en otras áreas. Por ejemplo, muchos están siendo arrastrados por la codicia en sus mismas congregaciones. Sus pastores prometen a los congregantes gran prosperidad económica dependiendo de sus ofrendas. Es cierto que Dios ha prometido recompensar nuestras buenas obras, pero no necesariamente en forma monetaria. Dichos pastores están alimentando un espíritu de codicia en las ovejas, a quienes se les está enseñado a ofrendar no de corazón, por amor y agradecimiento a Dios; sino como una inversión para tener más dinero y poder comprar autos y casas lujosas.

Recuerdo el director de un ministerio que me decía en cierta ocasión que ya bastaba de tanta pobreza entre el pueblo cristiano latino; que ya era hora de que los cristianos anduviéramos en carros de lujo, en Mercedes Benz. Ellos se olvidan que *"la raíz de todos los males es el amor al dinero, por el cual, codiciándolo algunos, se extraviaron de la fe y se torturaron con muchos dolores."* I Timoteo 6:10. Santiago escribió: *"Pedís y no recibís, porque pedís con malos propósitos, para gastarlo en vuestros placeres."* Santiago 4:3

Dios llama a sus hijos al contentamiento, sea cual fuere nuestra situación; pues Él nos ama, y está en control sobre toda situación. Dios permite y usa cada situación y circunstancia para conformarnos a la imagen de Jesús si cooperamos con Él creyendo, obedeciendo y sometiéndonos humildemente a Él. Y es por eso que debemos siempre mostrar contentamiento y agradecimiento con Dios. Pablo escribió: *"He aprendido a contentarme cualquiera que sea mi situación. Sé vivir en pobreza, y sé vivir en prosperidad; en todo y por todo he aprendido el secreto tanto de estar saciado como de tener hambre, de tener abundancia como de sufrir necesidad. Todo lo puedo en Cristo que me fortalece."* Filipenses 4:11-13

Eso no quiere decir que no podemos pedir a Dios por

nuestras necesidades. Jesús mismo nos enseñó a hacerlo. Orar por nuestras necesidades ¡sí!, pero por nuestros caprichos ¡no! Dios nunca ha prometido satisfacer nuestros caprichos. Si Él decide bendecirle con abundancia económica, es para que sea usado para la gloria de Dios. Y si Él decide satisfacer sólo sus necesidades básicas; entonces, a través de su perseverancia y fidelidad, sea glorificado el nombre de Jesús en su vida. Acumulará así tesoros eternos que nadie le podrá robar.

VIII

DISTRACCIONES Y MÁS DESVIACIONES

Algunos grupos lamentablemente se han distraído con aspectos que no son centrales a la fe, descuidando lo fundamental. Alejándose del balance bíblico, se han ido a extremos que no son saludables. Sí, son cristianos, pero afectan negativamente la obra que Dios quiere hacer en ellos, y a través de ellos. En algunos casos el peligro es grave, dado que la fe se está distorsionando a tal grado que no sólo se está comprometiendo la salud y efectividad espiritual de los miembros, sino hasta su salvación eterna.

Es un serio problema cuando por ofrecer una atmósfera amigable, proveyendo un ambiente agradable e inclusivo de todos, no ofensivo de ninguna manera a los visitantes en los cultos; se evita mencionar la sangre de Jesús, y exhortar al arrepentimiento: Sin ellos ¡no hay salvación! Los servicios se convierten prácticamente en reuniones sociales, no mucho más que eso.

Es problema también cuando en lugar de dar la palabra de Dios, los cultos se vuelven sesiones de autoestima y superación personal; donde los servicios se convierten en reuniones motivacionales, basadas en pensamiento positivo y sicología. Sin el consejo completo de la palabra de Dios los creyentes nunca maduran espiritualmente, y son fácilmente llevados por todo viento de doctrina.

En el condado de Orange, California donde vivo; paso a veces por un templo que al frente tiene un gran letrero con las palabras "Pare de Sufrir". A veces a las personas se les ofrece prosperidad material; pero no se les exhorta a la santidad. Las palabras de Pablo encontradas en II Timoteo 3:12 no se mencionan ni enseñan: *"Y en verdad, todos los que quieren vivir piadosamente en Cristo Jesús, serán perseguidos."* Las palabras de Pedro en I Pedro 2:20-23 parecen no estar incluidas en la Biblia de algunos:

> *"Pues ¿qué mérito hay, si cuando pecáis y sois tratados con severidad lo soportáis con paciencia? Pero si <u>cuando hacéis lo bueno sufrís por ello y lo soportáis con paciencia, esto halla gracia con Dios.</u>*
>
> *Porque <u>para este propósito habéis sido llamados</u>, pues también <u>Cristo sufrió por vosotros, dejándoos ejemplo para que sigáis sus pisadas</u>, el cual no cometió pecado, ni engaño alguno se halló en su boca;*
>
> *y quien cuando le ultrajaban, no respondía ultrajando; cuando padecía, no amenazaba, sino que se encomendaba a aquel que juzga con justicia."*

Hoy en día abunda el énfasis exagerado en las emociones. Muchos miden la espiritualidad de la persona o la presencia del Espíritu Santo en una reunión, dependiendo de la intensidad de la experiencia emocional. Entre más fuerte llora la gente, en total descontrol; entre más alto gritan de alegría; entre mayor desorden en el servicio, supuestamente ha habido mayor libertad y poder del Espíritu. Entiendo que tenemos emociones, y son parte integral de nuestro ser; así hemos sido creados; pero eso no es excusa para dejarlas correr en total descontrol. Pablo, dando instrucciones sobre la conducta y manera de proceder en las reuniones de los creyentes, escribió: *"Que todo se haga decentemente y con orden."* I Corintios 14:40

Los pastores, y los servicios de las congregaciones, deben conducirse con dignidad, integridad y mansedumbre. Lamentablemente, algunos lugares hoy en día, parecen ser más un espectáculo de entretenimiento mundano que una casa de oración. Qué triste cuando los pastores, en lugar de nutrir al pueblo de Dios con la leche pura de su palabra, ofrecen enseñanzas sensacionalistas que atraen como dulce melodía los oídos de sus seguidores.

El legalismo es otro serio problema. Éste consiste en la observancia o imposición de reglamentos externos que supuestamente nos hacen más aceptables a Dios. Con ello se comunica un grave error, el que nuestra aceptación a Dios ya no es sólo por gracia, sino por nuestras obras. Este grave error provoca vanagloria y alimenta arrogancia espiritual en quienes lo abrazan.

Ciertos lugares exigen que los hombres vayan vestidos formalmente al culto de la iglesia, de traje o con corbata. Algunas veces, cuando llega algún visitante vestido menos formalmente, se le mira mal, considerándosele irrespetuoso de Dios; como que si nuestro respeto a Dios se midiera por la formalidad de la ropa que usamos; o como si para oír la palabra de Dios es necesario ir de traje. No estamos proponiendo que se prohíba a la gente el ir de saco y corbata. Pero cuando <u>se impone un estándar</u> de vestido formal, se incomoda y excluye innecesariamente a las personas. En lugar de poner obstáculos la iglesia debe hacer sentir bienvenido a todo el que esté interesado en escuchar y conocer de Dios; sin que se le haga sentir mal porque no viene vestido formalmente.

Algunas congregaciones prohíben que la mujer use maquillaje o joyas, o que se recorte el cabello. Le prohíben usar pantalones, y requieren que las faldas lleguen hasta el tobillo. Podemos estar tan preocupados por guardar una justicia externa y aparente, basada en lo que se usa y no se usa; y sin embargo descuidar lo más importante, el corazón; descuidando la lengua; descuidando la mente y los pensamientos que abrigamos.

No estamos proponiendo que las mujeres entren a la iglesia cargadas de joyas y embarradas de maquillaje; ni que vayan vestidas con pantalones bien apretados al cuerpo, o shorts cortos y blusas reveladoras, llenas de sensualidad, para provocar sexualmente a las personas del sexo opuesto. De hecho, a veces es necesario exhortar en esta área a los miembros de una congregación. Pero el énfasis debe ser el correcto; y debemos de cuidarnos de no juzgar por las apariencias.

En resumen, debemos tener cuidado de no buscar tener una justicia mayor a través de códigos exageradamente restrictivos de vestido, comida, maquillaje, y cosas por el estilo. De hecho, un poco de perfume, un vestido agradable, un bonito corte del cabello, y un poco de maquillaje les haría mucho bien a algunas mujeres; y alegrarían enormemente a sus esposos.

El legalismo puede ser extremo, hasta el punto de apartarse de la fe. Por ejemplo, algunos prohíben comer carne de cerdo; demandan que el día de reposo se celebre el sábado; y consideran que quienes observan el domingo como día principal de reunión son personas bajo la influencia del espíritu del anticristo. En Colosenses 2:16-17 Pablo escribió:

> *"Por tanto, que nadie se constituya en vuestro juez con respecto a comida o bebida, o en cuanto a día de fiesta, o luna nueva, o día de reposo; cosas que sólo son sombra de lo que ha de venir, pero el cuerpo pertenece a Cristo."*

Las desviaciones ocurren cuando se descuida la enseñanza de las Escrituras. Una congregación donde se enseña toda la palabra de Dios, desde Génesis hasta

Apocalipsis, versículo por versículo, capítulo por capítulo, libro por libro, en forma expositiva, es de gran bendición para sus miembros. El pastor que expone la palabra, enseñándola en contexto; comparándola con otros textos bíblicos pertinentes; enseñando varios aspectos relacionados con cada pasaje, incluyendo el significado de las palabras, el contexto histórico y cultural; y la aplicación en nuestros días, es de gran provecho y edificación para el rebaño encomendado a su cuidado.

Una congregación que no enseña toda la Escritura, podrá enseñar el evangelio de salvación y traer almas a Cristo, pero se verá limitada en su labor primordial de discipular el rebaño. Dicha congregación se arriesga a convertirse en terreno fértil para la propagación de prácticas y tradiciones no productivas. La falta de enseñanza sana abre las puertas al comercialismo, el abuso y la explotación de las ovejas.

Le doy gracias a Dios, pues, por las congregaciones que enseñan fiel y correctamente toda la palabra de Dios, guiadas por su Espíritu Santo, y establecidas en su amor. Se encuentran en algunas denominaciones, y dentro de grupos no afiliados a denominaciones. Gracias a Dios también por las congregaciones que mantienen una asociación fraternal sin exhibir una jerarquía asfixiante y altiva dentro de ellas, o entre ellas.

IX

Bautismo y Salvación

Un área de bastante importancia, pero donde también hay bastante confusión por la falta de enseñanza bíblica adecuada, es la del bautismo. Trataremos a continuación de aclarar un poco, dando luz al respecto con la ayuda de Dios y su palabra.

Los católicos enseñan el bautismo de infantes, considerándolo un requisito indispensable para la salvación. Algunas iglesias no católicas, de origen evangélico, enseñan también que si uno no se ha bautizado, no se puede salvar. Unos practican bautismo por aspersión, otros por inmersión. ¿Qué dicen las Escrituras al respecto?

Primero, entendamos que el bautismo es una ordenanza bíblica muy importante. Jesús al comisionar a sus discípulos en Mateo 28:19-20 dijo: *"Id, pues, y haced discípulos de todas las naciones, bautizándolos en el nombre del Padre y del Hijo y del Espíritu Santo; enseñándoles a guardar todo lo que os he mandado; y he aquí, yo estoy con vosotros todos los días, hasta el fin del mundo."*

También es muy importante entender que el bautismo no sólo consiste en un rito externo de agua; debe estar ligado a una experiencia espiritual interna y profunda. El bautismo de Juan Bautista estaba acompañado de un mensaje y llamado al arrepentimiento sincero. En Mateo 3:7-9 leemos que *"cuando vio que muchos de los fariseos y saduceos venían para el bautismo, les dijo: Camada de víboras, ¿quién os enseñó a huir de la ira que vendrá? Por tanto, dad frutos dignos de arrepentimiento; y no presumáis que podéis deciros a vosotros mismos: "Tenemos a Abraham por padre", porque os digo que Dios puede levantar hijos a Abraham de estas piedras."*

Es decir, Juan rehusó bautizar a hombres que claramente lo hacían sin un arrepentimiento genuino. El mismo Jesucristo, desde que empezó su ministerio, llamó también al arrepentimiento como requisito para entrar al reino de Dios. En Marcos 1:14-15 leemos que *"Después que Juan había sido encarcelado, Jesús vino a Galilea proclamando el evangelio de Dios, y diciendo: El tiempo se ha cumplido y el reino de Dios se ha acercado; <u>arrepentíos y creed en el evangelio.</u>"*

Un bebé no tiene la capacidad de reconocer su naturaleza pecadora, arrepentirse y decidir seguir a Jesús. Primero se necesita tener edad de conciencia de pecado. Y segundo, se necesita arrepentimiento y la decisión personal de seguir a Jesús. Nadie puede hacer esa decisión por otra persona. La persona que se va a bautizar debe hacerla por sí misma.

Entendemos, pues, que el bautismo es un rito que obedece a una decisión personal. Pero ¿qué relación tiene el bautismo con la salvación de una persona? ¿Es el bautismo un rito a observar antes o después de la salvación de una persona? ¿Se recibe la salvación por medio del bautismo?

En el evangelio de Juan 1:11-13 la palabra de Dios nos revela que Jesús: *"A lo suyo vino, y los suyos no le recibieron. Pero <u>a todos los que le recibieron, les dio el derecho de llegar a ser hijos de Dios, es decir, a los que creen en su nombre, que no nacieron de sangre, ni de la voluntad de la carne, ni de la voluntad del hombre, sino de Dios.</u>"*

La Escritura nos revela que no todos somos hijos de Dios. Todos los hombres y mujeres son creación de Dios, pero hijos de Dios son sólo los que reciben a Jesús. ¿Cómo recibe usted a Jesús? El texto anterior nos dice que lo recibimos al creer en su nombre, es decir, al creer quién dijo Jesús ser, y lo que vino a hacer; creyendo en su palabra, y aceptando la autoridad de Él como Dios y Señor suyo.

Vea que la Escritura indica que <u>no</u> se llega a ser hijos de Dios por nacimiento de sangre, ni por voluntad de carne o de hombre. Eso excluye inmediatamente que uno pueda ser salvo por parentesco o decisión de otros. Por muy piadosos, o santos, que sean sus padres; la decisión es personal y demanda creer y escoger voluntaria y personalmente a Jesús.

En la conversación que tuvo Jesús con Nicodemo, le reveló la necesidad de nacer de nuevo. Es decir, para ser salvo se necesita nacer de nuevo. En ese momento ocurre la salvación. El pasaje se encuentra en el evangelio de Juan, parte del cual copiamos a continuación:

"Había un hombre de los fariseos, llamado Nicodemo, prominente entre los judíos. Este vino a Jesús de noche y le dijo: Rabí, sabemos que has venido de Dios como maestro, porque nadie puede hacer las señales que tú haces si Dios no está con él.

Respondió Jesús y le dijo: En verdad, en verdad te digo que <u>el que no nace de nuevo no puede ver el reino de Dios</u>.

Nicodemo le dijo: ¿Cómo puede un hombre nacer siendo ya viejo? ¿Acaso puede entrar por segunda vez en el vientre de su madre y nacer?

Jesús respondió: En verdad, <u>en verdad te digo que el que no nace de agua y del Espíritu no puede entrar en el reino de Dios</u>. Lo que es nacido de la carne, carne es, y lo que es nacido del Espíritu, espíritu es. No te asombres de que te haya dicho: "Os es necesario nacer de nuevo."" Juan 3:1-7

Para nacer de nuevo necesitamos, pues, además de nacer físicamente de agua, es decir, del líquido amniótico de la madre; nacer también del Espíritu. Jesús en Juan 6:63 dijo *"El Espíritu es el que da vida; la carne para nada aprovecha; <u>las palabras que yo os he hablado son espíritu y son vida.</u>"*

Jesús dijo que es necesario nacer del Espíritu (Juan 3:1-7). Y dijo que sus palabras son espíritu (Juan 6:63). Es al recibir sus palabras que recibimos su espíritu que da vida, y recibimos entonces en ese momento vida eterna. ¿Cuáles son entonces las palabras, el mensaje que da salvación y vida eterna?

Pablo las declara en varios lugares de sus escritos. En Romanos 10:8-13 escribió:

"Cerca de ti está la palabra, en tu boca y en tu corazón, es decir, la palabra de fe que predicamos:

Que si confiesas con tu boca a Jesús por Señor, y crees en tu corazón que Dios le resucitó de entre los muertos, serás salvo; porque con el corazón se cree para justicia, y con la boca se confiesa para salvación.

Pues la Escritura dice: Todo el que cree en Él no será avergonzado.

Porque no hay distinción entre judío y griego, pues el mismo Señor es Señor de todos, abundando en riquezas para todos los que le invocan; porque:

Todo aquel que invoque el nombre del Señor será salvo."

El creer que Dios resucitó a Jesús de la muerte es muy importante, pues al creerlo usted está aceptando el testimonio del Espíritu Santo. Además es importante porque si Jesús no ha resucitado de la muerte, no habría vencido sobre el pecado; y nosotros todavía estaríamos en pecado.

Es importante también, porque si Jesús todavía estuviera muerto, no podría ser su Señor. Y aquí venimos al segundo punto: No basta creer que Jesús ha resucitado; es necesario aceptar su señorío en su vida. Es decir, necesita declararlo Señor suyo; con la intención de obedecer su voz. Al hacerlo, usted recibe salvación, pasando a ser miembro de la familia de Dios, naciendo de nuevo como un hijo de Dios.

Si usted nunca lo ha hecho, éste es el momento oportuno para que lo haga. Dios le está llamando al arrepentimiento, a que le pida perdón por sus pecados; y confíe en la obra redentora de Jesús en la cruz, poniendo su confianza en Jesús, tal como dice la Escritura.

"Porque de tal manera amó Dios al mundo, que dio a su Hijo unigénito, para que todo aquel que cree en Él, no se pierda, mas tenga vida eterna.

Porque Dios no envió a su Hijo al mundo para

juzgar al mundo, sino para que el mundo sea salvo por Él.

El que cree en Él no es condenado; pero el que no cree, ya ha sido condenado, porque no ha creído en el nombre del unigénito Hijo de Dios."
Juan 3:16-18

Creer en Jesús es más que creer que Él existe. Los demonios saben que Dios existe y no por eso son salvos. Creer en Jesús es creer en su palabra y poner su vida en las manos de Él, decidiendo obedecerle y seguirle. Dios le dará el Espíritu Santo para guiarlo por medio de las Escrituras en el camino correcto, y para darle el poder que usted necesita para hacer el bien y rechazar el pecado.

Jesús dijo en Juan 10:10 -11:

"El ladrón sólo viene para robar y matar y destruir; yo he venido para que tengan vida, y para que la tengan en abundancia. Yo soy el buen pastor; el buen pastor da su vida por las ovejas."

Si usted cree en Jesús, creerá que seguirle a Él es lo mejor para su vida, el camino para experimentar vida abundante; reconociendo que ceder a las tentaciones, y el pecado, sólo lo llevarán a la condenación eterna.

Si usted nunca lo ha hecho, le invito a orar y poner su fe en Jesús en este mismo momento. No lo deje para después. El Espíritu Santo le está llamando, no lo rechace. Una oración como la que escribimos a continuación, si la hace en forma sincera, de corazón, es aceptable a Dios.

> Padre celestial, te ruego perdón por mis pecados.
>
> Creo que Jesús murió por mis pecados, y que su sacrificio en la cruz es pago suficiente y perfecto por ellos.
>
> También creo que Jesús resucitó de la muerte, y vive;
>
> y hoy lo recibo como Señor de mi vida.
>
> Dame tu Santo Espíritu, sed de tu palabra, y entendimiento para comprenderla.
>
> Dame tu Santo Espíritu para tener el deseo y el poder para vivir una vida conforme a tu voluntad; para hacer el bien y rechazar las tentaciones y el pecado.
>
> Te lo pido en nombre de nuestro Señor Jesús. Amén.

Si usted ha expresado lo anterior a Dios de corazón, Él lo recibe y le da salvación; tal como lo leemos en Juan 5:24-25

> *"En verdad, en verdad os digo: el que oye mi palabra y cree al que me envió, <u>tiene vida eterna</u> y no viene a condenación, sino que <u>ha pasado de muerte a vida</u>.*
>
> *En verdad, en verdad os digo que viene la hora, y*

ahora es, cuando los muertos oirán la voz del Hijo de Dios, y los que oigan vivirán."

Note que la Biblia dice que al creer, al recibir la palabra, 'tiene' vida eterna. No dice 'tendrá', sino 'tiene'; es algo actual que se recibe en el momento en que usted cree y pone su fe en Jesús. En ese momento usted pasa de muerte a vida. De hecho, antes de hacer esa decisión, los hombres estamos muertos espiritualmente, separados de Dios. Al oír la voz de Dios, y responder, es cuando adquirimos vida eterna y comunión espiritual con Dios.

El apóstol Juan escribió en su primera epístola: *"Y el testimonio es éste: que Dios nos ha dado vida eterna, y esta vida está en su Hijo. El que tiene al Hijo tiene la vida, y el que no tiene al Hijo de Dios, no tiene la vida."* I Juan 5:11-12

Notemos que los textos bíblicos anteriores no mencionan que el bautismo sea requisito indispensable para ser salvo. Cuando uno de los malhechores moría a la par de Jesús, se arrepintió de su maldad y confió en Jesús. El Señor le dijo: *"En verdad te digo: hoy estarás conmigo en el paraíso."* Lucas 23:43

El malhechor no tuvo la oportunidad de ser bautizado, sin embargo Jesús lo recibió en su reino. Y es que la salvación tal como hemos visto, es por fe. Y si es por fe, ya no es por obras. Tal como lo declara Pablo en Efesios 2:8-10:

"Porque por gracia habéis sido salvados por

medio de la fe, y esto no de vosotros, sino que es don de Dios; *no por obras, para que nadie se gloríe*. Porque somos hechura suya, creados en Cristo Jesús para hacer buenas obras, las cuales Dios preparó de antemano para que anduviéramos en ellas."

En este asunto del bautismo es clave entender su significado. Pablo escribió:

"¿O no sabéis que todos los que hemos sido bautizados en Cristo Jesús, hemos sido bautizados en su muerte? Por tanto, hemos sido sepultados con Él por medio del bautismo para muerte, a fin de que como Cristo resucitó de entre los muertos por la gloria del Padre, así también nosotros andemos en novedad de vida.

Porque si hemos sido unidos a Él en la semejanza de su muerte, ciertamente lo seremos también en la semejanza de su resurrección, sabiendo esto, que nuestro viejo hombre fue crucificado con Él, para que nuestro cuerpo de pecado fuera destruido, a fin de que ya no seamos esclavos del pecado." Romanos 6:3-6

Las palabras bautismo, y bautizar, vienen de la palabra griega 'baptizo', cuyo significado es 'sumergir', tal como se sumergían las telas para teñirlas.

Cuando la persona se sumerge en el agua durante el rito

del bautismo, se simboliza el entierro del hombre antiguo, su muerte al pecado; la decisión del nuevo discípulo de no participar más en una vida de iniquidad.

Al salir el discípulo del agua, se está simbolizando su 'resurrección' a una nueva vida en Cristo; una vida recta y justa; una nueva vida en obediencia a Dios.

Al salir del agua durante el bautismo, también estamos proclamando nuestra resurrección física. Es decir, con ello estamos declarando nuestra esperanza de que cuando Jesús venga, resucitará nuestro cuerpo mortal, tal como Dios lo resucitó a Él de la muerte.

Todo este simbolismo es significativo únicamente para la persona con capacidad de entender su pecado, que arrepentida decide seguir a Dios. Un bebé no tiene esa capacidad. Entendamos bien que el agua del bautismo no es lo que hace al discípulo, sino su arrepentimiento y fe en Jesús. En Juan 8:31-31 nuestro Señor dijo *"a los judíos que habían creído en El: Si vosotros permanecéis en mi palabra, verdaderamente sois mis discípulos; y conoceréis la verdad, y la verdad os hará libres."* Pedro aclara en I Pedro 3:21 que lo que salva no es el agua del bautismo en sí, quitando la suciedad de nuestro cuerpo, sino *"la petición a Dios de una buena conciencia."*

En Pentecostés, cuando los judíos oyeron el discurso de Pedro, tocados profundamente por el mensaje, le preguntaron a él y a los demás apóstoles: *"Varones hermanos, ¿qué haremos? Y Pedro les dijo: Arrepentíos y sed bautizados cada uno de vosotros en el nombre de Jesucristo para perdón de vuestros pecados, y recibiréis el don del Espíritu Santo."* Hechos 2:37-38

Pedro dijo, *arrepentíos y sed bautizados*. No es que el bautismo sea requisito para salvación, pero el arrepentimiento y la fe en Jesús sí lo es. Y como el bautismo es un mandato de Jesucristo, Pedro lo menciona muy apropiadamente en el mismo momento. Es claro que la persona que recibe a Jesús de corazón le obedecerá en todo, incluyendo en este rito que Él ordenó. No hay necesidad de esperar; si puede bautizarse en el momento de su arrepentimiento y decisión de seguir a Jesús, no hay nada que le impida ser bautizado. Y así ocurrió en Pentecostés, cuando Pedro dio el mensaje de salvación.

El significado bíblico del bautismo, tal como lo hemos presentado con la ayuda de las Escrituras, implica que si una persona acaba de recibir a Cristo en la calle, pero camino a casa muere en un accidente; aunque no haya tenido la oportunidad de bautizarse se salva y va directamente al cielo, pues puso su fe en Jesús. El limbo no existe, es un concepto que no aparece en ningún lugar de la Biblia.

Algunas iglesias evangélicas demandan que el bautizante pase por un tiempo de prueba, y un curso de doctrina que puede durar varias semanas, antes de ser bautizado. Sin embargo, Pedro no puso tal requisito a los que se arrepintieron en Pentecostés. En Hechos 16:25-34 vemos que Pablo tampoco requirió más que la fe en Jesús al carcelero en Filipos, bautizándolo enseguida.

Felipe tampoco demandó otra cosa del eunuco etíope que creyó en el evangelio. En Hechos 8:35-39 leemos que *"Felipe abrió su boca, y... le anunció el evangelio de Jesús. Yendo por el camino, llegaron a un lugar donde había agua; y el eunuco dijo: Mira, agua. ¿Qué impide que yo sea bautizado? Y Felipe dijo: Si crees con todo tu corazón, puedes. Respondió él y dijo: Creo que Jesucristo es el Hijo de Dios. Y mandó parar el carruaje; ambos descendieron al agua, Felipe y el eunuco, y lo bautizó. Al salir ellos del agua, el Espíritu del Señor arrebató a Felipe; y no lo vio más el eunuco, que continuó su camino gozoso."*

Vemos primero, que Felipe le anunció el evangelio, el cual es la base para que una persona pueda creer y ser salva. Luego, vemos que el eunuco preguntó qué impedía ser bautizado. Felipe mencionó que el único requisito era creer de corazón. ¡Un recién nacido no tiene esa capacidad!

Vemos también que el eunuco 'salió del agua', es decir que fue sumergido durante el bautismo. Y esto es de importancia en cuanto al simbolismo del rito, lo cual ya explicamos anteriormente.

Es importante observar que si una persona afirma haber puesto su fe en Jesús como Señor y Salvador; pero es indiferente a sus mandamientos, incluso al mandamiento del bautismo; a dicha persona más le valdría examinarse y ver si realmente está en la fe y es salva. Jesús dijo en Mateo 7:21 *"No todo el que me dice: "Señor, Señor", entrará en el reino de los cielos, sino el que hace la voluntad de mi Padre que está en los cielos."*

Aprovecho a reconocer que en mi práctica pastoral, mi convicción bíblica me mueve a bautizar por inmersión. Aclaro sin embargo, que si bien el rito del bautismo es muy importante; y su forma de gran significado espiritual; la forma de este rito no es crítica para la salvación del alma.

Alguno se preguntará qué de los infantes que mueren antes de tener uso de razón. Pablo en I Corintios 7:14 nos revela que los niños del padre o la madre creyente son santos, no inmundos, apartados por Dios. El que la Biblia no dé más información específica, no justifica inventar la doctrina de bautismo de infantes y del 'limbo'.

X

El Diezmo

El ofrendar a Dios es bíblico. En alguna ocasión escuché a un pastor decir que si Dios no había tocado su billetera, tampoco había tocado su corazón. Y creo que eso tiene bastante de cierto. Por otro lado, hay demasiada ignorancia, manipulación y abuso en este tema, por lo que aprovechamos a dar una pequeña guía al respecto.

En el Antiguo Testamento el pueblo de Dios honraba al Señor con el fruto de la tierra y del ganado. Tanto los primeros frutos de la tierra, como los primogénitos, y la décima parte del fruto de la tierra y del ganado, le pertenecían al Señor. Adicionalmente, el pueblo daba ofrendas voluntarias en acción de gracias a Dios por su bondad y fidelidad.

Los diezmos y las ofrendas se usaban para los sacrificios que se ofrecían al Señor. También se usaban para la obra del Templo, y para la manutención de los levitas y sacerdotes que estaban a cargo del templo del Señor y sus ministerios.

En el tiempo de los apóstoles los creyentes ofrendaban también. Las ofrendas eran usadas para la obra del Señor en medio de ellos: Para apoyar a los siervos dedicados a la enseñanza de la Palabra, para ayudar a los pobres, y para llevar la Palabra y el amor del Señor a otros lugares del mundo.

Si bien no estamos bajo la ley, hoy en día tenemos más que suficientes razones para ofrendar generosamente; lo hacemos como expresión de agradecimiento a Dios por su fidelidad y amor, adorándole no sólo con los labios mas también con nuestros recursos.

El dar a la obra del Señor muestra nuestro compromiso con Dios y su reino. Si bien Dios no necesita nuestro dinero, Él hace su obra a través de siervos que le aman con todo su corazón, alma, mente y fuerzas. Cuando ofrendamos generosamente a Dios demostramos, además de tener un corazón por el reino de Dios y su justicia, nuestra confianza en que Él es poderoso y fiel para satisfacer nuestras necesidades, tal como lo promete en su palabra.

En algunas congregaciones se pasa el platillo, o bolsa de ofrenda; en otras los miembros pasan públicamente a depositar sus diezmos y ofrendas durante el servicio. En lo particular me gusta la práctica de ciertas congregaciones que ponen la caja de diezmos y ofrendas en la entrada u otro lugar donde se reúnen. De esa manera, los miembros de la congregación pueden participar en este ministerio y servicio al Señor, depositando su ofrenda en forma voluntaria y discreta antes o después del servicio. En todo caso, es muy importante que quienes ofrendan lo puedan hacer discretamente, no buscando la aprobación o alabanza de los hombres, sino la honra de Dios.

En varias ocasiones he visto la práctica lamentable donde el pastor pregunta públicamente quién quiere dar tanto, y las personas levantan la mano declarando su intención. Empiezan tal vez preguntado quiénes están dispuestos a dar $5, luego quiénes $10, luego quiénes $15, y así sucesivamente. Pero el Señor Jesucristo nos enseñó de distinta manera en Mateo 6:2-4.

> *"Cuando des limosna, no toques trompeta delante de ti, como hacen los hipócritas en las sinagogas y en las calles, para ser alabados por los hombres. En verdad os digo que ya han recibido su recompensa.*
>
> *Pero tú, cuando des limosna, que no sepa tu mano izquierda lo que hace tu derecha, para que tu limosna sea en secreto; y tu Padre, que ve en lo secreto, te recompensará."*

En algunos grupos el pastor, o alguien encargado en la congregación, revisa las ofrendas semanales dadas por cada miembro. Y si en algún momento determinan que alguien no ha diezmado, van y le reclaman. Eso no debe ser así. Los diezmos y las ofrendas son un asunto privado entre cada persona y Dios. Y Dios se encargará de recompensar a cada quién conforme a su corazón y acción. Los que den generosamente, cosecharán abundantemente. Quienes den escasamente, escasamente cosecharán.

A continuación algunos pasajes bíblicos sobre la ofrenda:

"...Volved a mí y yo volveré a vosotros- dice el SEÑOR de los ejércitos. Pero decís: "¿Cómo hemos de volver?" ¿Robará el hombre a Dios? Pues vosotros me estáis robando. Pero decís: "¿En qué te hemos robado?" En los diezmos y en las ofrendas... Traed todo el diezmo al alfolí, para que haya alimento en mi casa; y ponedme ahora a prueba en esto- dice el SEÑOR de los ejércitos- si no os abriré las ventanas del cielo, y derramaré para vosotros bendición hasta que sobreabunde. Por vosotros reprenderé al devorador, para que no os destruya los frutos del suelo; ni vuestra vid en el campo será estéril- dice el SEÑOR de los ejércitos." Malaquías 3:7-12

En el texto anterior vemos que Dios reprende al pueblo por su indiferencia y desobediencia respecto a los diezmos y las ofrendas; prometiendo bendición por la obediencia.

Pablo exhortó a la iglesia de Corinto a ofrendar generosamente para cubrir las necesidades de los santos en Jerusalén. Si bien la manipulación y el abuso que se ve en muchas iglesias de hoy no son aceptables, la exhortación sana a ofrendar para las necesidades de la obra de Dios es totalmente bíblica. En II Corintios 9:5 leemos las palabras de Pablo:

> *"Creí necesario exhortar a los hermanos a que se adelantaran en ir a vosotros, y prepararan de antemano vuestra generosa ofrenda, ya prometida, para que la misma estuviera lista como ofrenda generosa, y no como por codicia."*

Pablo, al igual que el profeta Malaquías, menciona que Dios bendice al que da. En II Corintios 9:6 escribe:

> *"El que siembra escasamente, escasamente también segará; y el que siembra abundantemente, abundantemente también segará."*

Y si bien Pablo considera necesario exhortar a los creyentes para que den generosamente, no los manipula ni trata de hacerlos sentir culpables. Su deseo es que lo hagan de corazón y con gozo, no por presión, obligación o forzados. En II Corintios 9:7 escribe:

> *"Que cada uno dé como propuso en su corazón, no de mala gana ni por obligación, porque Dios ama al dador alegre."*

Tal vez una persona no tenga muchos recursos económicos, tal vez vive en pobreza extrema. Pero Dios ve su corazón al dar; y le remunerará ricamente aunque haya dado una cantidad mucho menor que otros que teniendo riquezas dan las sobras. El evangelio de Marcos relata un pasaje pertinente. Veamos:

> *"Jesús se sentó frente al arca del tesoro, y observaba cómo la multitud echaba dinero en el arca del tesoro; y muchos ricos echaban grandes cantidades. Y llegó una viuda pobre y echó dos pequeñas monedas de cobre, o sea, un cuadrante. Y llamando a sus discípulos, les dijo: En verdad os digo, que esta viuda pobre echó más que todos los contribuyentes al tesoro; porque todos ellos echaron de lo que les sobra, pero ella, de su pobreza echó todo lo que poseía, todo lo que tenía para vivir."* Marcos 12:41-44

Es, pues, importante y bíblico ofrendar, y que la ofrenda se dé en forma discreta; no convirtiéndose en una oportunidad para vanagloriarse ante los hombres. Vemos también que Dios mide la ofrenda por lo que uno da respecto a lo que tiene, no a lo que no tiene.

> *"Porque si hay buena voluntad, se acepta según lo que se tiene, no según lo que no se tiene."* II Corintios 8:12

En algunos lugares se reconoce públicamente a ciertas personas por sus ofrendas. Se hace de distintas maneras; tal vez poniendo en la bancas, o en una placa de bronce a la entrada del templo, los nombres de las personas que ofrendan ciertas cantidades; o mediante otra forma de reconocimiento público; dando mayor honra a la persona entre mayor haya sido la cantidad dada. Esto no tiene respaldo bíblico. Tal vez alguien dio monetariamente menos, pero dio discretamente, y con mayor sacrificio pues dio aun de lo que no tenía. De acuerdo a la Biblia, él será quien reciba mayor honra y tesoros eternos de parte de Dios.

Los pastores deben cuidar su motivación al exhortar a los miembros de la congregación a ofrendar. En su carta a la iglesia de Filipos Pablo deja ver su corazón en este asunto. En Filipenses 4:10-19 escribió:

> *"Me alegré grandemente en el Señor de que ya al fin habéis reavivado vuestro cuidado para conmigo; en verdad, antes os preocupabais, pero os faltaba la oportunidad. No que hable porque tenga escasez, pues he aprendido a contentarme cualquiera que sea mi situación.*
>
> *Sé vivir en pobreza, y sé vivir en prosperidad; en todo y por todo he aprendido el secreto tanto de estar saciado como de tener hambre, de tener abundancia como de sufrir necesidad. Todo lo puedo en Cristo que me fortalece.*
>
> *Sin embargo, habéis hecho bien en compartir conmigo en mi aflicción. Y vosotros mismos también sabéis, filipenses, que al comienzo de la predicación del evangelio, después que partí de Macedonia, ninguna iglesia compartió*

conmigo en cuestión de dar y recibir, sino vosotros solos;

porque aun a Tesalónica enviasteis dádivas más de una vez para mis necesidades.

<u>*No es que busque la dádiva en sí, sino que busco fruto que aumente en vuestra cuenta.*</u>

Pero lo he recibido todo y tengo abundancia; estoy bien abastecido, habiendo recibido de Epafrodito lo que habéis enviado: fragante aroma, sacrificio aceptable, agradable a Dios. Y mi Dios proveerá a todas vuestras necesidades, conforme a sus riquezas en gloria en Cristo Jesús."

Pablo está agradeciendo a los filipenses por la ofrenda que le enviaron para cubrir sus necesidades. Pero sobretodo, Pablo se gozaba no porque buscara enriquecerse a costa de los creyentes en Filipo, sino porque esa ofrenda generosa era prueba real del amor sincero que profesaban tener a Dios; y de su preocupación y amor por Pablo, y por la obra de Dios que Pablo llevaba a cabo.

Esto es muy distinto, lamentablemente, a lo que ocurre en más de algún lugar hoy en día, donde algunos pastores en lugar de preocuparse por alimentar a las ovejas con la palabra de Dios, y velar por su bienestar, las trasquilan. El obrero nunca debe ver el ministerio como una oportunidad para enriquecerse a costa de las ovejas. El

Señor Jesús dijo:

> *"Yo soy el buen pastor; el buen pastor da su vida por las ovejas. Pero el que es un asalariado y no un pastor, que no es el dueño de las ovejas, ve venir al lobo, y abandona las ovejas y huye, y el lobo las arrebata y las dispersa. El huye porque sólo trabaja por el pago y no le importan las ovejas."* Juan 10:11-13

El ministerio es una solemne y sagrada responsabilidad; y un gran privilegio de servir a Dios; no un negocio.

Habiendo aclarado lo anterior, es necesario señalar también la importancia de que las congregaciones no ignoren las necesidades económicas de sus pastores. Es necesario, bueno y justo apoyar financieramente a los obreros que cuidan y velan por el rebaño de Jesús; a los que se dedican a compartir la palabra de Dios sirviendo fielmente en su obra. Pablo escribió al respecto.

> *"Los ancianos que gobiernan bien sean considerados dignos de doble honor, principalmente los que trabajan en la predicación y en la enseñanza. Porque la Escritura dice: No pondrás bozal al buey cuando trilla, y: El obrero es digno de su salario."* I Timoteo 5:17-18

El obrero es digno, pues, de su salario.

XI

COMERCIALISMO EN LA IGLESIA

En II Corintios 2:17 el apóstol Pablo escribió: *"No somos como muchos, que comercian con la palabra de Dios, sino que con sinceridad, como de parte de Dios y delante de Dios hablamos en Cristo."*

Qué triste es ver la comercialización que está ocurriendo a costa del Reino de los Cielos. En la televisión vemos programas religiosos que ofrecen objetos especiales que supuestamente traerán mayor protección o bendiciones a su hogar. ¡Y toda esa bendición será suya al enviar una ofrenda monetaria! Tal vez le venden alguna cruz de madera, tallada de árboles de olivo de Tierra Santa; o una botellita con agua bendita que viene del río Jordán; u otra cosa similar.

Algunos eventos de adoración cobran una suma bastante elevada para entrar. Álbumes cristianos, a veces, más que un medio para glorificar a Dios, se vuelven una fuente de dinero. Algunos están marcados de vanidad, llenos de fotos con distintas poses del autor, como si fuera un artista mundano.

El comercialismo dentro el pueblo de Dios se puede manifestar en muchas formas. Bendecir a los miembros de la iglesia facilitándoles materiales de edificación en los lugares de reunión es bueno; pero la motivación debe ser la edificación del pueblo de Dios. Si no se camina con sabiduría y temor santos, los templos se pueden convertir en centros marcados de comercialismo mundano. En Mateo 21:12-13 tenemos un pasaje que nos revela el corazón del Señor sobre este asunto.

"Y entró Jesús en el templo y echó fuera a todos los que compraban y vendían en el templo, y volcó las mesas de los cambistas y los asientos de los que vendían las palomas. Y les dijo: Escrito está: "Mi casa será llamada casa de oración, pero vosotros la estáis haciendo cueva de ladrones.""

XII

El Espíritu Santo

El Espíritu Santo es clave en la vida del cristiano. Sin Él no se puede saber la voluntad de Dios, ni vivir en forma agradable a Él. Es importante no ser ignorante respecto a su persona, y el rol que tiene en la vida del cristiano.

Jesús antes de ir a la cruz les dijo a sus discípulos que tenía que partir; que era lo más conveniente para así poder enviar al Espíritu Santo, quien al venir al mundo convencería a las personas de pecado; y a los que recibieran su testimonio, guiarlos a toda verdad. En Juan 16:7-13 leemos:

> *"Pero os digo la verdad: os conviene que me vaya; porque si no me voy, el Consolador no vendrá a vosotros; pero si me voy, os lo enviaré. Y cuando Él venga, convencerá al mundo de pecado, de justicia, y de juicio; de pecado, porque no creen en mí; de justicia, porque yo voy al Padre y no me veréis más; y de juicio, porque el príncipe de este mundo ha sido juzgado.*

Aún tengo muchas cosas que deciros, pero ahora no las podéis soportar. Pero cuando Él, el Espíritu de verdad, venga, os guiará a toda la verdad."

La palabra traducida 'Consolador' es 'Parácletos' en el idioma griego; alguien llamado al lado de uno para asistirle; así como un abogado, consejero o asistente legal que viene a la par de una persona para asistirle en un caso, o interceder por dicha persona ante un juez. En este contexto el término se refiere al Espíritu Santo, quien nos ha sido enviado como consejero espiritual, para socorrernos en nuestras necesidades y situaciones; para darnos entendimiento de cosas espirituales; y para ayudarnos a orar.

Los apóstoles y discípulos de Jesucristo tenían a Jesús. Los creyentes en todo el mundo lo necesitamos también. Cuando Jesús estaba en la tierra, estaba limitado físicamente. Al subir al cielo, envió al Espíritu Santo para asistir en forma personal a cada cristiano en su jornada espiritual, en cualquier lugar del mundo que esté. El Espíritu lo hace iluminando la senda en que debemos caminar, abriendo nuestro entendimiento a la palabra de Dios; guiándonos y aconsejándonos en las decisiones de la vida de acuerdo al plan y voluntad de Dios. Nos ayuda también dándonos ánimo, y refrescándonos cuando la jornada se vuelve difícil y cansada; de la misma manera que alguien le ofrece agua a un corredor en una maratón. Él ha sido enviado también para darnos valor y poder sobrenatural para testificar de Jesús en un mundo antagónico a Él. Nos da el poder necesario para enfrentar las tentaciones; y resistir las fuerzas satánicas que buscan hacernos caer.

En cuanto a la relación del Espíritu Santo con el creyente las Escrituras mencionan tres tipos: El Espíritu Santo está <u>con</u> el creyente, <u>en</u> el creyente y <u>sobre</u> el creyente. Veamos a continuación estas tres relaciones.

Jesucristo le dijo a los apóstoles: *"Si me amáis, guardaréis mis mandamientos. Y yo rogaré al Padre, y Él os dará otro Consolador para que esté con vosotros para siempre; es decir, el Espíritu de verdad, a quien el mundo no puede recibir, porque ni le ve ni le conoce, pero vosotros sí le conocéis porque mora <u>con</u> vosotros y estará <u>en</u> vosotros."* Juan 14:15

En otras palabras, Jesús les afirma antes de ir a la cruz, que el Espíritu Santo moraba '<u>con</u>' ellos, que estaba en medio de ellos acompañándolos en forma invisible pero muy real. Y que iba a estar no sólo 'con' ellos, mas también '<u>en</u>' ellos.

El domingo en que Jesús resucitó, se apareció a los apóstoles y les dijo: *"Paz a vosotros; como el Padre me ha enviado, así también yo os envío. Después de decir esto, sopló sobre ellos y les dijo: Recibid el Espíritu Santo."* Juan 20:21-22 Los apóstoles en ese momento recibieron el Espíritu Santo '<u>en</u>' sus vidas. El Espíritu Santo pasó a morar 'en' ellos, es decir, dentro de ellos. Esto habla de una mayor intimidad.

Lo mismo ocurre con todos los que reciben a Jesús como su Señor y Salvador. Pablo escribió: *"¿O no sabéis que vuestro cuerpo es templo del Espíritu Santo, que está en vosotros, el cual tenéis de Dios, y que no sois vuestros? Pues por precio habéis sido comprados; por tanto, glorificad a Dios en vuestro cuerpo y en vuestro espíritu, los cuales son de Dios."* I Corintios 6:19-20

Ahora bien, Jesús les dijo también a sus discípulos que esperaran a que el Espíritu Santo viniera sobre ellos; para recibir el poder sobrenatural que necesitaban para ser testigos suyos en el mundo. En Lucas 24:46-49 leemos: *"Y les dijo: Así está escrito, que el Cristo padeciera y resucitara de entre los muertos al tercer día; y que en su nombre se predicara el arrepentimiento para el perdón de los pecados a todas las naciones, comenzando desde Jerusalén. Vosotros sois testigos de estas cosas. Y he aquí, yo enviaré sobre vosotros la promesa de mi Padre; pero vosotros, permaneced en la ciudad hasta que seáis investidos con poder de lo alto."*

En Hechos 1:8 leemos una vez más la promesa del Señor, de que enviaría al Espíritu Santo sobre ellos para darles el poder necesario para ser testigos suyos: *"Recibiréis poder cuando el Espíritu Santo venga sobre vosotros; y me seréis testigos en Jerusalén, en toda Judea y Samaria, y hasta los confines de la tierra."*

En el día de Pentecostés el Espíritu Santo vino sobre los discípulos que estaban reunidos en un solo lugar, orando y esperando la promesa del Padre. Así fueron investidos del poder necesario para vivir para Cristo. Ese mismo Espíritu Santo sigue siendo vital para que los discípulos de Jesús podamos llevar a cabo la obra a la que nos ha llamado. Esta experiencia en que el Espíritu viene sobre el creyente es conocida como bautismo del Espíritu Santo.

Es muy importante saber que el Espíritu se recibe por fe, no por nuestra justicia propia o porque lo merezcamos de alguna manera. Pablo en su epístola a los Gálatas escribió:

"¡Oh, gálatas insensatos! ¿Quién os ha fascinado a vosotros, ante cuyos ojos Jesucristo fue presentado públicamente como crucificado? Esto es lo único que quiero averiguar de vosotros: ¿recibisteis el Espíritu por las obras de la ley, o por el oír con fe?

¿Tan insensatos sois? Habiendo comenzado por el Espíritu, ¿vais a terminar ahora por la carne? " Gálatas 3:1-3

La pregunta retórica de Pablo asume que efectivamente el Espíritu no se compra con obras que hagamos, sino que se recibe por fe.

Jesucristo mismo dijo en Lucas 11:11-13:

"Suponed que a uno de vosotros que es padre, su hijo le pide pan; ¿acaso le dará una piedra? O si le pide un pescado; ¿acaso le dará una serpiente en lugar del pescado? O si le pide un huevo; ¿acaso le dará un escorpión?

Pues si vosotros siendo malos, sabéis dar buenas dádivas a vuestros hijos, ¿cuánto más vuestro Padre celestial dará el Espíritu Santo a los que se lo pidan?"

Dios no necesita, pues, que hagamos sacrificios, o nos sometamos a todo tipo de ceremonias y procesos religiosos para poder recibir el Espíritu Santo. Dios nos ama, y dio gustosamente a su Hijo Jesús en la cruz por nosotros; y con ese mismo amor nos envía a su Espíritu Santo. Si cuando éramos enemigos de Dios a raíz del pecado, dio a su Hijo por nosotros; ahora que le hemos recibido ¿cómo no nos dará su Espíritu, para que podamos oír su voz y caminar sana y libremente por la senda en la que debemos caminar?

Todos los creyentes, desde el momento que reciben el evangelio y ponen su fe en Jesucristo, son sellados con el Espíritu Santo. Pablo escribió en su carta a los efesios:

"Hemos obtenido herencia, habiendo sido predestinados según el propósito de aquel que obra todas las cosas conforme al consejo de su voluntad, a fin de que nosotros, que fuimos los primeros en esperar en Cristo, seamos para alabanza de su gloria.

En Él también vosotros, <u>después de escuchar el mensaje de la verdad, el evangelio de vuestra salvación, y habiendo creído, fuisteis sellados en Él con el Espíritu Santo de la promesa,</u> que nos es dado como garantía de nuestra herencia, con miras a la redención de la posesión adquirida de Dios, para alabanza de su gloria." Efesios 1:11-14

En I Corintios 6:19 Pablo asevera a los cristianos que son templos del Espíritu Santo, el cual habita <u>en</u> ellos: *"¿O no sabéis que vuestro cuerpo es templo del Espíritu Santo, que está <u>en</u> vosotros, el cual tenéis de Dios, y que no sois vuestros?"*

Tal vez usted se preocupa porque no sintió alguna emoción física especial cuando recibió al Señor. Oró sinceramente a Dios entregándole su vida; pero no ha sentido lo que otros dicen haber sentido. Tal vez algún amigo suyo le cuenta que sintió un calor en el cuerpo, o una corriente; o algo muy difícil de explicar pero real. Se cuestiona usted, pues, si el Espíritu Santo entró en su vida. Pero no necesita cuestionarlo, o dudar de ello. Sépalo por fe. De la misma manera que por fe cree que Jesús murió y pagó por sus pecados; de la misma manera acepte que Dios lo ama y que no sólo le ha dado salvación, mas también su Espíritu. Dios irá mostrando que el Espíritu Santo está en usted por medio del fruto que su vida estará dando.

Ahora bien, si su vida no muestra ningún fruto, si usted sigue viviendo en fornicación sin hacer nada al respecto; o si usted sigue robando, o usando drogas; entonces sí es bueno que cuestione su salvación. Y lo mejor sería que le pida a Dios ayuda para poder arrepentirse de corazón.

Recuerde que Jesús prometió enviar al Espíritu Santo <u>sobre</u> sus discípulos para investirlos del poder necesario para ser luz en el mundo, poder para ser sus testigos. Si usted no siente ese poder, pídale a Dios que derrame una medida llena del Espíritu Santo sobre usted. ¡Él lo hará! Pídalo cada vez que sienta esa necesidad.

> *"El que no eximió ni a su propio Hijo, sino que lo entregó por todos nosotros, ¿cómo no nos concederá también con Él todas las cosas?"* Romanos 8:32

XIII

Dones Espirituales

Uno de los aspectos importantes en la vida del creyente, y de la iglesia, es la de los dones del Espíritu Santo. Desafortunadamente hay mucha ignorancia, confusión y abusos en esta área. Con la ayuda de las Escrituras procedemos a continuación a hacer algunas observaciones pertinentes. En I Corintios 12:1-11 leemos:

"En cuanto a los dones espirituales no quiero, hermanos, que seáis ignorantes... hay diversidad de dones, pero el Espíritu es el mismo. Y hay diversidad de ministerios, pero el Señor es el mismo. Y hay diversidad de operaciones, pero es el mismo Dios el que hace todas las cosas en todos.

Pero a cada uno se le da la manifestación del Espíritu para el bien común.

Pues a uno le es dada palabra de sabiduría por el Espíritu; a otro, palabra de conocimiento según el mismo Espíritu; a otro, fe por el mismo Espíritu; a otro, dones de sanidad por el único Espíritu; a otro, poder de milagros; a otro, profecía; a otro, discernimiento de espíritus; a otro, diversas clases de lenguas, y a otro, interpretación de lenguas.

Pero todas estas cosas las hace uno y el mismo Espíritu, distribuyendo individualmente a cada uno según la voluntad de Él."

Tal como leemos, Dios desea que salgamos de la ignorancia. *"En cuanto a los dones espirituales no quiero, hermanos"* dice Pablo, *"que seáis ignorantes."*

Pablo nos dice que hay diversidad de <u>dones</u>. La palabra en griego traducida 'don', es 'carisma': Un favor que uno recibe sin mérito, se recibe sin merecerse. Un don es un regalo, algo que no se compra, sino que se recibe gratuitamente. Jesús pagó por ellos en la cruz. Los distintos dones vienen del mismo Espíritu, el Espíritu Santo.

Hay también diversidad de <u>ministerios</u>, es decir, servicios donde esos dones se usan. Por ejemplo, varias personas pueden tener el don de enseñanza: Una persona puede que sea llamada a enseñar dando clases en la escuela dominical de su congregación; otra puede que sea llamada a enseñar escribiendo libros para niños; otra a través del discipulado personal. Es el don de enseñar, pero ejercido en distintos ministerios según dirige el Señor, quien es la cabeza de su iglesia.

Leemos también que hay diversidad de <u>operaciones</u>, pero es el mismo Dios. Por 'operaciones' Pablo se refiere a 'resultados'. Así vemos que la enseñanza de la palabra de Dios durante el servicio dominical puede producir distintos efectos. En una persona puede darle ánimo a seguir en el camino; tal vez estaba desanimada, pero ahora se siente fortalecida. En otra persona la misma predicación pude llevarla al arrepentimiento de sus pecados y a ponerse en orden con Dios. A otra persona la misma predicación puede animarla a un mayor compromiso con Dios. A otra puede haberle hablado en cuanto al llamado al ministerio. Lo importante es ver que la obra es de Dios. Es Dios quien *"hace todas las cosas en todos."*

En cuanto a los diversos dones podemos ver que *"a uno le es dada palabra de sabiduría"*. Tal vez alguna persona está necesitada de saber qué hacer ante una circunstancia. Quizá se sienta confundida ante varias opciones; o no ve salida a su crisis. Pero Dios le da tal vez a usted una palabra de sabiduría, y al compartirla, la persona se maravilla ante tanta sabiduría, y resuelve su situación. La persona bendecida se da cuenta que realmente esa sabiduría no era natural, sino sobrenatural. Tanto ella como usted le dan gloria a Dios por haberle usado para ayudarle.

Otra persona puede recibir *"palabra de conocimiento."* Tal vez usted está teniendo un problema en su negocio, tal vez una máquina está dando serios problemas en su funcionamiento, causando grandes desperdicios y costos de operación. Usted ha llamado a varios técnicos expertos, pero todo ha sido en vano pues no pueden hallar la causa. En medio de su desesperación aparece un hermano en la fe que no conoce nada de esas máquinas, ni los detalles de su negocio; y sin embargo le dice con autoridad que el problema está en que usted cambió de suplidor de la materia prima. Usted nunca le mencionó eso a él; pero tiene razón; usted había cambiado al suplidor. Pausa un momento, sorprendido por el comentario del hermano en la fe, dándose cuenta además que, cuando usted cambió el suplidor empezaron sus problemas. Regresa al suplidor anterior, y los problemas ¡desaparecen! Dios le dio a esa persona palabra de conocimiento. Y tanto usted como ella glorifican a Dios.

El Espíritu Santo también da en ciertas ocasiones una fe muy superior para una crisis o reto extraordinario. Tal vez las personas de la congregación están descorazonadas, las circunstancias son un reto enorme; aún las personas que siempre se ven fortalecidas en su fe han flaqueado, y la congregación está a punto de cancelar la obra que han empezado. Pero de repente, estando en oración, un miembro de la congregación se levanta y les asegura que Dios está a favor de ellos, que no desesperen, que sigan adelante con el plan que tienen; que aunque los fondos no hayan aparecido para pagar los gastos del mes y del ministerio que están lanzando para ayudar a los necesitados y a los drogadictos del barrio, Dios va a suplir muy pronto. Los miembros de la congregación son fortalecidos por la fe del hermano, y a raíz de ello continúan con el programa. Al fin de mes, al último momento, aparece una donación generosa que cubre la necesidad; y todos ¡dan la gloria Dios!

También el Espíritu da *"dones de sanidad"*. Dios sana frecuentemente en forma milagrosa. Muchas veces lo hace a través de personas que Dios usa como sus instrumentos, al orar éstas por los enfermos. Pablo, Pedro, los apóstoles, y los discípulos del Señor fueron así usados; y muchos otros son usados en la actualidad para bendición del pueblo de Dios, y para gloria del nombre de Jesús.

Por supuesto que el peligro de vanagloria está ahí latente. Y, lamentablemente, mucho abuso, engaño y manipulación se lleva a cabo hoy en día, por parte de siervos falsos que explotan a otros en su necesidad.

En el capítulo tres del libro de Hechos leemos la historia de la sanidad milagrosa de un cojo de nacimiento, y de la correcta actitud por parte del siervo usado por Dios como instrumento de sanidad. Cuando la gente se acercó a Pedro asombrados por el gran milagro que había ocurrido, les dijo: *"Varones israelitas, ¿por qué os maravilláis de esto, o por qué nos miráis así, como si por nuestro propio poder o piedad le hubiéramos hecho andar? El Dios de Abraham, de Isaac y de Jacob, el Dios de nuestros padres, ha glorificado a su siervo Jesús, al que vosotros entregasteis y repudiasteis en presencia de*

Pilato, cuando éste había resuelto ponerle en libertad."
Hechos 3:12-13

Vemos, pues, que Pedro inmediatamente le dio la gloria a Dios, indicando que la sanidad no era debido a piedad, santidad o poder suyo, sino que Dios por medio de dicho milagro estaba glorificando el nombre de Jesús.

Entre los dones mencionados en el capítulo doce de la primera carta a los corintios, leemos también del *"poder de milagros"*. Este se puede manifestar de muchas maneras. Por ejemplo, tal vez su carro se queda atascado en el fango, en una zona peligrosa; y un hermano en la fe recibe fuerza sobrenatural para sacarlo.

La palabra *'profecía'* viene del griego 'profetes' que se deriva de dos palabras: 'pro' (antes, por delante) y 'femí' (decir, declarar, expresar los pensamientos). Anteriormente, en el Antiguo Testamento, el profeta era un instrumento que Dios levantaba, principalmente, para proclamar un mensaje de arrepentimiento y de esperanza a su pueblo; que constantemente se desviaba de su camino. Muchas veces, pero no siempre, ese mensaje contenía predicciones de eventos futuros. Si era un verdadero profeta de Dios, se cumplía lo que predecía. Y si no se cumplía, era un falso profeta; y había que apedrearlo por haber hablado falsamente en nombre de Dios.

El Antiguo Testamento relata palabras, obras y eventos

que involucraron a Elías, Eliseo y otros profetas de Dios que no escribieron Escritura. Los escritos de otros profetas inspirados por el Espíritu Santo, tales como Isaías, Jeremías, Ezequiel, y Daniel, pasaron a formar parte de los libros proféticos de la Biblia. El libro de Salmos contiene muchas profecías también. En Deuteronomio 18:20-22 leemos:

> "*El profeta que hable con presunción* en mi nombre una palabra que yo no le haya mandado hablar, *o que hable en el nombre de otros dioses, ese profeta morirá*. Y si dices en tu corazón: "¿Cómo conoceremos la palabra que el SEÑOR no ha hablado?" Cuando un profeta hable en el nombre del SEÑOR, si la cosa no acontece ni se cumple, esa es la palabra que el SEÑOR no ha hablado; con presunción la ha hablado el profeta; no tendrás temor de él."

En el tiempo de los apóstoles, éstos fueron usados por Dios para completar el canon de la Escritura, los veintisiete libros del Nuevo testamento que completan la Biblia con el libro de Apocalipsis, escrito por el apóstol Juan. Además de ellos hubo, y sigue habiendo hoy en día, siervos con el don de profecía; no en el sentido de que den revelación bíblica nueva; sino en el sentido de que declaran el propósito y consejo de Dios a su pueblo, basándose en las Escrituras.

El don de profecía se manifiesta, pues, hoy en día, cuando una persona declara, por revelación del Espíritu Santo, sucesos que van a pasar antes que ocurran. Pero, principalmente, cada vez que un siervo predica declarando, con el poder del Espíritu Santo, la palabra de Dios encontrada en las Escrituras; proclamándola para edificar, exhortar y consolar al pueblo de Dios. Pablo escribió: *"El que profetiza habla a los hombres para edificación, exhortación y consolación."* I Corintios 14:3

En este don, Dios usa principalmente a los pastores; pero puede levantar a otros siervos. En cuanto a la predicción de eventos futuros como la venida de un terremoto, sequia, o inundación en cierta área, Dios puede usar y usa ocasionalmente a distintos creyentes dentro del cuerpo de Cristo.

Necesitamos dar sin embargo una palabra de precaución: ¡No todo el que dice ser profeta lo es! Muchos fallan en sus pronósticos. Y, ninguno que se diga ser profeta, y que trae una nueva revelación bíblica, es profeta de Dios. Las Escrituras comienzan con el libro de Génesis y terminan con el libro de Apocalipsis. Nadie que quiera añadir a la Biblia una nueva revelación o doctrina viene de Dios.

"Yo testifico a todos los que oyen las palabras de la profecía de este libro: Si alguno añade a ellas, Dios traerá sobre él las plagas que están escritas en este libro; y si alguno quita de las palabras del libro de esta profecía, Dios quitará su parte del árbol de la vida y de la ciudad santa descritos en este libro." Apocalipsis 22:18-19

Ejerzamos, pues, discernimiento para no dejarnos engañar, evaluando siempre todas las cosas a la luz de la palabra de Dios. Si lo que una persona profetiza, o enseña supuestamente por dirección del Espíritu Santo, contradice, anula, añade o quita a las Escrituras, ¡no viene de Dios!

Esto nos lleva a otro don muy necesario en la iglesia, el don de *"discernimiento de espíritus"*. Alguien con este don podrá ver más allá de las apariencias. Tal persona puede detectar con habilidad sobrenatural a personas que aparentan ser una cosa pero son otra; a falsos profetas; a falsos maestros; a personas que aparentan ser algo bueno e inocente, pero que son nocivos y destructivos; a instrumentos del demonio. Este don debe ejercerse con prudencia y sabiduría. Si alguien tiene este don, no es para que lo use para chismosear; pero sí para traer el asunto al pastor de la congregación, para orar y actuar con sabiduría protegiendo al rebaño de Dios.

Los dos últimos dones mencionados por Pablo en esta lista son el de lenguas, y el de interpretación de lenguas. La persona que tiene el don de lenguas habla en una lengua no conocida, expresando oraciones y alabanzas a Dios, no con el intelecto sino por obra del Espíritu Santo.

La persona que habla en lenguas se edifica a sí misma, pues su espíritu se edifica al orar y alabar a Dios, aunque su mente no entienda lo que dice. Ahora bien, si no hay nadie que interprete en una reunión, la persona que habla en lenguas que guarde silencio; pues en tal caso los demás no se edifican.

Si hay quien interprete, entonces que hable uno a la vez, siendo interpretado cuando habla. Pero que no hablen todos a la vez, porque si lo hacen, se vuelve una confusión que no edifica, y hasta asusta a quienes entren a la reunión. *"Por tanto, si toda la iglesia se reúne y todos hablan en lenguas, y entran algunos sin ese don o incrédulos, ¿no dirán que estáis locos?"* I Corintios 14:23

Ahora bien, si en una reunión hay quienes hablen en lenguas, y quien interprete; Pablo regula que no hablen más de tres personas, y por turno, por supuesto. De hecho, Pablo prefería, en las reuniones de la iglesia, declarar la palabra de Dios antes que hablar en lenguas. Así lo escribió: *"En la iglesia prefiero hablar cinco palabras con mi entendimiento, para instruir también a otros, antes que diez mil palabras en lenguas."* I Corintios 14:19

En algunas congregaciones hay lamentablemente un gran desorden ¡en nombre del Espíritu Santo! No, el desorden no es culpa ni obra del Espíritu Santo. Pablo enseña que *"Los espíritus de los profetas están sujetos a los profetas; porque Dios no es Dios de confusión, sino de paz, como en todas las iglesias de los santos."* I Corintios 14:32-33. Pablo ordena *"que todo se haga decentemente y con orden."* I Corintios 14:40.

No hay excusa, pues, para que se paren siervos hablando

en lenguas e interrumpiendo al pastor cuando éste está enseñando la palabra de Dios desde el púlpito. Si la congregación se ha reunido para escuchar la enseñanza de la palabra, eso es lo que se debe hacer; y no permitir que termine en caos y desorden en nombre de la libertad espiritual.

Al poco tiempo de mi caminar cristiano veía un programa de televisión donde el evangelista decía, frecuentemente, que la persona que no hablaba en lenguas no había recibido el bautismo del Espíritu Santo. Al buscar en las Escrituras evidencia de su afirmación, encontré que dicho evangelista estaba incorrecto. En I Corintios 12:28-31 Pablo declara y luego pregunta en forma retórica lo siguiente:

"En la iglesia, Dios ha designado: primeramente, apóstoles; en segundo lugar, profetas; en tercer lugar, maestros; luego, milagros; después, dones de sanidad, ayudas, administraciones, diversas clases de lenguas.

¿Acaso son todos apóstoles? ¿Acaso son todos profetas? ¿Acaso son todos maestros? ¿Acaso son todos obradores de milagros? ¿Acaso tienen todos dones de sanidad? <u>¿Acaso hablan todos en lenguas? ¿Acaso interpretan todos?</u>

Mas desead ardientemente los mejores dones."

En las preguntas retóricas anteriores, <u>es claro que no todos hablan en lenguas</u>, no todos interpretan, no todos son profetas, no todos son maestros, no todos son obradores de milagros. Si el don de lenguas fuera la prueba indispensable del bautismo del Espíritu Santo en un creyente, Pablo daría gran atención al 'problema' de que alguien no hable en lenguas, pues su ausencia indicaría la falta de algo muy importante. Pero no es así. Pablo no lo considera así.

Satanás busca traer confusión y daño a la iglesia promoviendo enseñanzas y preceptos contrarios a la palabra de Dios; alimentando actitudes contrarias al Espíritu Santo. Es triste que por la interpretación errónea del don de lenguas, algunos grupos excluyan del liderazgo de la iglesia a siervos que aman al Señor, simplemente porque carecen de este don. Cuando algunos hacen vanagloria de sus dones, exhibiendo arrogancia espiritual más que humildad y mansedumbre; lejos de glorificar a Jesús, lo ofenden y mal representan en la iglesia y en el mundo. Dios derrama sus dones sobre su pueblo, pero ellos no son para vanagloriarnos sino para servicio y beneficio del cuerpo de Cristo; para su edificación.

En cuanto al Espíritu Santo, hemos considerado sus dones. Pero hay otra área muy importante respecto al Espíritu Santo en la vida del creyente: ¡Su fruto!

> "Mas el fruto del Espíritu es amor, gozo, paz, paciencia, benignidad, bondad, fidelidad, mansedumbre, dominio propio; contra tales cosas no hay ley.
>
> Pues los que son de Cristo Jesús han crucificado

la carne con sus pasiones y deseos.

Si vivimos por el Espíritu, andemos también por el Espíritu. No nos hagamos vanagloriosos, provocándonos unos a otros, envidiándonos unos a otros." Gálatas 5:22-26

Dios desea ver fruto en nuestra vida. Al estar en Cristo, recibiendo y obedeciendo su palabra; permaneciendo así en Él, nuestra vida producirá fruto espiritual agradable a Dios.

"Permaneced en mí, y yo en vosotros. Como el sarmiento no puede dar fruto por sí mismo si no permanece en la vid, así tampoco vosotros si no permanecéis en mí.

Yo soy la vid, vosotros los sarmientos; el que permanece en mí, y yo en él, ése da mucho fruto, porque separados de mí nada podéis hacer.

Si alguno no permanece en mí, es echado fuera como un sarmiento, y se seca; y los recogen, los echan al fuego y se queman.

Si permanecéis en mí, y mis palabras permanecen en vosotros, pedid lo que queráis y os será hecho.

En esto es glorificado mi Padre, en que deis mucho fruto, y así probéis que sois mis discípulos." Juan 15:4-8

Pablo escribió en I Corintios 13:1-3

"Si yo hablara lenguas humanas y angélicas, pero no tengo amor, he llegado a ser como metal que resuena o címbalo que retiñe.

Y si tuviera el don de profecía, y entendiera todos los misterios y todo conocimiento, y si tuviera toda la fe como para trasladar montañas, pero no tengo amor, nada soy.

Y si diera todos mis bienes para dar de comer a los pobres, y si entregara mi cuerpo para ser quemado, pero no tengo amor, de nada me aprovecha."

Jesucristo dijo en Juan 13:34-35

"Un mandamiento nuevo os doy: que os améis los unos a los otros; que como yo os he amado, así también os améis los unos a los otros. En esto conocerán todos que sois mis discípulos, si os tenéis amor los unos a los otros."

A unos, la obsesión por los dones más que por Jesús mismo, o la falta de conocimiento sobre la naturaleza y el ministerio del Espíritu, los ha hecho caer víctimas de todo tipo de aberraciones y manifestaciones que falsamente se le atribuyen al Espíritu Santo. Un ejemplo de estos excesos es el de la 'risa santa', en que las personas caen en un estado de carcajadas sin control.

Algunos pastores dirigen sus manos hacia las personas, o

las ponen directamente sobre sus frentes; haciéndolas caer de espalda, supuestamente por el poder del Espíritu Santo. He observado a veces a ministros que no sólo ponen las manos sobre la frente de las personas, sino que las empujan hacia atrás. Buscando algún precedente en la Biblia a este tipo de expresión, lo que he encontrado es que, cuando un siervo de Dios experimenta un encuentro con Él, cae de rodillas en su presencia, o con su rostro sobre el suelo; pero nunca de espaldas. En el caso de Elí, sacerdote de Israel en los días de Samuel; éste cayó de espaldas y se mató cuando le dieron la noticia que el Arca del Pacto había sido capturada por los filisteos, y que sus hijos habían sido muertos en la batalla. En este caso, Dios estaba juzgando a Elí por haber honrado más a sus hijos malvados que a Dios.

Hay quienes cuentan que Dios pasó en medio de la congregación, y que les dio tratamiento dental; incluso poniéndoles rellenos nuevos de oro. Pienso que Dios, en lugar de ponerle a usted un relleno nuevo de oro, le sanaría la muela. La realidad de las cosas es que, no todo lo que se dice ocurre en eventos y cruzadas de sanidad es genuino y verdadero. Es necesario ser *"astutos como las serpientes e inocentes como las palomas."* Mateo 10:16. Inocentes, sí, debemos serlo. Pero no ingenuos, creyendo todo sin discernimiento espiritual. Debemos ser astutos, ¡astutos como serpientes! Es necesario buscar las bases bíblicas a toda experiencia que se le atribuya al Espíritu Santo, pues "no todo lo que brilla es oro", y más de algún charlatán y falso maestro ha salido al mundo.

Ahora bien, es cierto que hay abusos en esta área del Espíritu Santo, sus dones y manifestaciones; pero tenemos que tener cuidado de no irnos al otro extremo donde se ignora por completo o se huye del ministerio del Espíritu Santo. Obviamente que no deseamos que las reuniones del Señor sean un circo religioso, pero tampoco queremos que parezcan un cementerio donde no hay vida espiritual porque no se le permite al Espíritu operar.

Los dones espirituales fueron necesarios en los días de Pablo, y siguen siendo necesarios ahora. No han cesado de operar. Cuando el Señor regrese por su iglesia no serán necesarios más; pero el Señor no ha venido todavía. La obra es espiritual, y para hacerla se necesita el Espíritu de Dios y sus dones. Nuestra lucha es contra la carne, el mundo, y Satanás y su reino de oscuridad. Yo deseo y necesito el conocimiento, el discernimiento, el consejo, la sabiduría, la fe, la fortaleza, y todo lo que Dios tiene disponible para hacer su obra; y ¡usted también!

Pídale a Dios que le muestre qué don o dones le ha dado, si no lo sabe. Y empiece a usarlos para su gloria. Y busque producir fruto agradable a él; entendiendo que eso lo produce el Espíritu Santo en usted en la medida que permanezca en Jesús. Haga su parte pues, permaneciendo en Jesús.

XIV

Congregación Local

El autor de la epístola a los hebreos nos exhorta a vivir una vida espiritual en comunión con el resto del cuerpo de Cristo. En Hebreos 10:23-15 leemos:

"Mantengamos firme la profesión de nuestra esperanza sin vacilar, porque fiel es el que prometió;

y <u>consideremos cómo estimularnos unos a otros al amor y a las buenas obras,</u>

<u>no dejando de congregarnos,</u> como algunos tienen por costumbre, sino exhortándonos unos a otros, y mucho más al ver que el día se acerca."

Las congregaciones locales están integradas por personas imperfectas, pecadores arrepentidos, perdonados por Dios. No hay una congregación de gente perfecta. Si usted está esperando encontrar una para pertenecer a ella, no pierda más el tiempo que no la hay. Y si hubiera una congregación perfecta, en el momento que usted entre por sus puertas, la arruinará. Y es que, usted tampoco es perfecto, ¡está en proceso!

¿Por qué está usted todavía en este mundo? Porque Dios está haciendo una obra en usted y a través de usted. Por eso no lo ha llamado a su presencia todavía. Mientras tanto, el pertenecer a una congregación de creyentes es vital. Un miembro del cuerpo no cumple su función si no está ligado al resto del cuerpo. Una mano sola, apartada del cuerpo, no puede funcionar ni llevar a cabo su propósito; ni recibir los beneficios del resto del cuerpo. Ni la mano puede proteger al ojo quitándole alguna basurita que se introdujo en él, ni el ojo puede mostrarle a la mano dónde está el mango del cuchillo, para que no lo agarre del lado con filo y se corte.

Bueno, hemos dicho que no hay congregación perfecta, pero que es necesario que usted pertenezca a una. Eso no quiere decir que elija ciegamente, sin ejercer juicio y discernimiento. Busque una congregación que enseñe la palabra de Dios; preferiblemente toda la Biblia, desde Génesis hasta Apocalipsis; y que la enseña sanamente no en forma distorsionada; o mezclándola con nueva era, sicología, técnicas de visualización, pensamiento positivo, 'pseudociencia' y otras influencias tóxicas. Evite grupos que promueven doctrinas raras o se enfocan en enseñanzas que no edifican.

Pablo escribió:

"Oh Timoteo, <u>guarda lo que se te ha encomendado</u>, y <u>evita las palabrerías</u> vacías y *profanas, y las objeciones de lo que falsamente se llama ciencia."* I Timoteo 6:20

"Evita controversias necias, genealogías, contiendas y discusiones acerca de la ley, porque son sin provecho y sin valor." Timoteo 3:9

Busque una congregación donde el amor a Dios; y el amor de Dios son evidentes. Una congregación donde el poder del Espíritu Santo se manifiesta a través de vidas cambiadas, una congregación que manifiesta el fruto del Espíritu. Una congregación donde el celebrado es Jesús, más que los dones que el Espíritu nos da. Una congregación donde el énfasis no es la prosperidad material, sino la piedad, y glorificar a Cristo. Una congregación que evalúa todo a la luz de las Escrituras, honrándola por encima de las tradiciones de hombres. Una congregación de oración. Una congregación donde los dones y la obra del Espíritu Santo se hacen presentes.

Le invito pues a buscar y pertenecer a una de ellas. Y si en su pueblo, villa o ciudad no la hay, pídale a Dios que levante una; recordando mientras tanto las palabras del Señor Jesús, quien dijo: *"Donde están dos o tres reunidos en mi nombre, allí estoy yo en medio de ellos."* Mateo 18:20

Cuando integre una congregación local; no sólo piense qué puede recibir ahí. Apóyela y sirva al cuerpo de Cristo con los dones que Dios le ha dado, recordando las palabras de Pablo en Filipenses 2:3-4 *"Nada hagáis por egoísmo o por vanagloria, sino que con actitud humilde cada uno de vosotros considere al otro como más importante que a sí mismo, no buscando cada uno sus propios intereses, sino más bien los intereses de los demás."*

Dios permita, y este sea su anhelo, que un día pueda decir como Pablo:

"He peleado la buena batalla, he terminado la carrera, he guardado la fe. En el futuro me está reservada la corona de justicia que el Señor, el Juez justo, me entregará en aquel día; y no sólo a mí, sino también a todos los que aman su venida." II Timoteo 4:7-8

Un día *"cada uno recibirá su propia recompensa conforme a su propia labor."* I Corintios 3:8

Esforcémonos para que un día podamos oír de la boca del Señor: *"Bien, siervo bueno y fiel; en lo poco fuiste fiel, sobre mucho te pondré; entra en el gozo de tu señor."* Mateo 25:21. Si usted está sobre la Roca; sirviéndole fielmente en su iglesia, guiado por la palabra de Dios y el Espíritu Santo; así será.

"Por tanto, así dice el Señor Dios: He aquí, pongo por fundamento en Sion una piedra, una piedra probada, angular, preciosa, fundamental, bien colocada. El que crea en ella no será perturbado."

Isaias 28:16

"Conforme a la gracia de Dios que me fue dada, yo, como sabio arquitecto, puse el fundamento, y otro edifica sobre él. Pero cada uno tenga cuidado cómo edifica encima.

Pues nadie puede poner otro fundamento que el que ya está puesto, el cual es Jesucristo."

I Corintios 3:10-11

"Por tanto, cualquiera que oye estas palabras mías y las pone en práctica, será semejante a un hombre sabio que edificó su casa sobre la roca;

y cayó la lluvia, vinieron los torrentes, soplaron los vientos y azotaron aquella casa; pero no se cayó, porque había sido fundada sobre la roca.

Y todo el que oye estas palabras mías y no las pone en práctica, será semejante a un hombre insensato que edificó su casa sobre la arena;

y cayó la lluvia, vinieron los torrentes, soplaron los vientos y azotaron aquella casa; y cayó, y grande fue su destrucción. "

Mateo 7:24-27

Alma mía, espera en silencio solamente en Dios, pues de Él viene mi esperanza.

Sólo Él es mi roca y mi salvación, mi refugio, nunca seré sacudido.

En Dios descansan mi salvación y mi gloria; la roca de mi fortaleza, mi refugio, está en Dios.

Confiad en Él en todo tiempo, oh pueblo; derramad vuestro corazón delante de Él; Dios es nuestro refugio. "

Salmo 62:5-8

"Juan le dijo: Maestro, vimos a uno echando fuera demonios en tu nombre, y tratamos de impedírselo, porque no nos seguía.

Pero Jesús dijo: No se lo impidáis, porque no hay nadie que haga un milagro en mi nombre, y que pueda enseguida hablar mal de mí.

Pues el que no está contra nosotros, por nosotros está."

Marcos 9:38-40

"Pero ahora en Cristo Jesús, vosotros, que en otro tiempo estabais lejos, habéis sido acercados por la sangre de Cristo.

Porque Él mismo es nuestra paz...

porque por medio de Él los unos y los otros tenemos nuestra entrada al Padre en un mismo Espíritu.

Así pues, ya no sois extranjeros ni advenedizos, sino que sois conciudadanos de los santos y sois de la familia de Dios,

edificados sobre el fundamento de los apóstoles y profetas, <u>siendo Cristo Jesús mismo la piedra angular,</u>

en quien todo el edificio, bien ajustado, va creciendo para ser un templo santo en el Señor,

en quien también vosotros sois juntamente edificados para morada de Dios en el Espíritu."

Efesios 2:13-22

"¡La Roca!
Su obra es perfecta,
porque todos sus caminos son justos;
Dios de fidelidad y sin injusticia,
justo y recto es Él."

Deuteronomio 32:4

———————

"Jesús le dijo: Yo soy el camino, y la verdad, y la vida; nadie viene al Padre sino por mí."

Juan 14:6

———————

"Pues, ¿quién es Dios, fuera del SEÑOR?
¿Y quién es roca, sino sólo nuestro Dios"

Salmo 18:31

Otros Materiales de Edificación

Otras obras producidas por la organización El Verbo Para Latino América (The Word For Latin America):

- Creados a la Imagen de Dios (Audio, y Folleto)
- El Hombre: Su Origen y Destino (Libro)
- Reflexiones Sobre El Hijo de Dios (Folleto)
- Celebremos la Semana Santa… como le agrada a Dios (Folleto)
- Encuentro con Jesús (Audio)
- El Consejo Precioso de Dios (Libro)
- Génesis: El Origen del Cosmos y la Vida (Libro)
- Algunos Consejos y Notas Doctrinales (Folleto de Discipulado)

Para mayor información o para obtener copias de este libro escribir a:

El Verbo Para Latino América
P.O. Box 1002
Orange, CA 92856

Página Web: www.elvela.org
www.EntendiendoLasEscrituras.com

Este libro así como varios de nuestros materiales están disponibles en amazon.com

El Verbo Para Latino América es una organización cristiana sin fines de lucro financiero, dedicada a compartir a Cristo en el mundo hispano.

www.ingramcontent.com/pod-product-compliance
Lightning Source LLC
Chambersburg PA
CBHW071508040426
42444CB00008B/1551